中共广西壮族自治区委员会宣传部扶持优秀出版项目

骆风骆韵

广西壮族自治区博物馆 编

广西教育出版社

南宁

图书在版编目（CIP）数据

瓯风骆韵 / 广西壮族自治区博物馆编. —南宁：
广西教育出版社，2020.4
ISBN 978-7-5435-8649-9

Ⅰ.①瓯…　Ⅱ.①广…　Ⅲ.①文物—广西—图录
Ⅳ.①K872.670.2

中国版本图书馆 CIP 数据核字（2018）第 303182 号

策　　　划：陆思成　符玉波
责任编辑：钟秋莲　符玉波　高　珊
美术编辑：鲍　翰
整体设计：鲍　翰
责任校对：杨红斌
责任技编：蒋　媛

出　版　人：石立民
出版发行：广西教育出版社
地　　　址：广西南宁市鲤湾路 8 号　　邮政编码：530022
电　　　话：0771-5865797
本社网址：http://www.gxeph.com
电子信箱：gxeph@vip.163.com
印　　　刷：中华商务联合印刷（广东）有限公司
开　　　本：889mm×1194mm　1/16
印　　　张：18.25
字　　　数：248 千字
版　　　次：2020 年 4 月第 1 版
印　　　次：2020 年 4 月第 1 次印刷
书　　　号：ISBN 978-7-5435-8649-9
定　　　价：350.00 元

编 委 会

前　言

　　春秋战国至秦汉时期，东南以及岭南各地居住着众多越人，因其支系繁多，故统称"百越"。西瓯和骆越是百越中的两大重要支系。西瓯人主要生活在今广西西江中游及灵渠以南的桂江流域，骆越人则主要聚居于西瓯的西部和南部，即今广西的左右江流域、贵州的西南部和越南的红河三角洲地区。他们后来发展成今天的壮族、侗族、布依族、傣族、仫佬族、毛南族、黎族、水族等民族。

　　秦统一岭南后，西瓯人、骆越人聚居的地区隶属桂林郡；秦末汉初，又一度纳入南海郡尉赵佗所建的南越国的版图，直至公元前111年汉武帝灭南越，并在该地重设九郡，瓯骆地区属于当时汉朝的苍梧郡、郁林郡与合浦郡三郡。

　　西瓯人、骆越人因其所处的自然环境和特定的生产方式，创造了独具特色的物质文化与精神文化。同时又由于地处中原地区与华南地区、西南地区往来的文化交汇之所，长期的多民族杂居、交流与融合，使其文化亦具有多元色彩。西瓯人、骆越人在保持自身文化特征的前提下，对外来文化采取学习、吸收、模仿、创新的态度，使自身的发展充满了活力。

　　早在商周时期，西瓯、骆越与中原地区已有交往。随着中原势力的不断深入，中原文化随之南传。在相互交流的过程中，西瓯人、骆越人不断吸收中原文化因素，丰富和发展了本民族文化，构成了中华民族灿烂文化的重要组成部分。

　　当尘埃落定、一切归于沉寂之后，唯有文化遗物可以印证一个民族、一个国家的发展历史，记录曾经轰轰烈烈的故事与辉煌的文化。本书记录的每一件文物，也许包含着一个动人的故事、一场激烈的战斗、一串幸福的欢笑、一幅美丽的画卷……就让我们通过这些精美的文物，一起去探寻瓯骆文化的秘密吧！

目 录

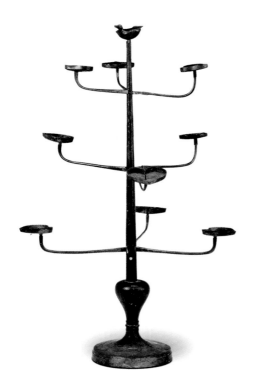

一　瓯骆溯源

　　广西是古人类活动较早的地区之一，迄今已在 20 多个岩洞发现了人类化石。距今约 80 万年，百色盆地就有人类活动。距今 5 万—2 万年，柳江流域先后生活着柳江人和麒麟山人。1 万多年前，古人类的踪迹已遍及广西大部分地区。夏商时期，西瓯、骆越先民活跃于岭南地区。春秋战国时期，广西大地上的古人类逐渐形成西瓯、骆越两民族。

1. 百色旧石器时代遗址出土的文物

　　广西是我国发现石器时代文化遗存较多的地区之一，出土的石器相当丰富。其中时代最早、分布最广、规模最大、石器数量最多的是百色旧石器时代遗址。该遗址分布于百色盆地右江沿岸高阶地上。目前经科学发掘的遗址有 20 多处，石器分布点近百处，涉及百色、田林、田阳、田东等市县，其规模之大、地点之多、器型之丰富，在我国实属罕见。其中，发掘和采集的石器达 3 万多件，器型丰富，以砍砸器最多，还有大型尖状器、手斧、手镐、刮削器、石锤等。2000 年 3 月，中国和美国科学家关于百色旧石器的研究成果在美国《科学》杂志发表，在国际学术界引起了强烈的反响。

　　百色旧石器以河床砾石为原料，其主要特点：以砾石石器为主，多保留砾石面，而石片石器较少；打制石器主要采用锤击法，多单面加工；器形硕大、粗犷。在这些石器中，最具特色的是两面加工匀称、器形规整的手斧，既有砍砸功能又有切割功能的尖状砍砸器，又有一端单面加工成尖刃，另一端保留砾石面的手镐。

　　现有的科学资料和研究表明，百色旧石器时代遗址年代最早为距今约 80 万年。这一发现，把广西有人类活动的历史，从数万年前提前到了处于旧石器时代早期的距今约 80 万年，谱写了广西历史的新篇章。

手斧

旧石器时代

1995 年，田东高岭坡遗址出土

手斧，又称两面器，是一种用砾石、石核或石片两面打制的重型工具。它是旧石器时代一种制作技术要求高、造型对称的多功能工具。百色手斧的发现具有特别重要的意义，它是东亚地区发现的年代最早的手斧，它从根本上纠正了美国学者莫维斯人为地将旧石器时代早期的非洲、中东和欧洲的人类同亚洲其他地区的人类分割开来，把东亚、东南亚和南亚北部贬低为一个"文化滞后的边缘地区"的错误观点，动摇了"两个文化传统"（即包括欧洲、非洲、中东和印度半岛在内的先进的手斧文化传统，东亚、东南亚和南亚北部的落后的砍砸器文化传统）理论在国际学术界的统治地位。

玻璃陨石

俗称"雷公墨"，一般认为是巨大陨石或彗星剧烈撞击地球时，由飞溅而起的熔融地球物质在空气中骤冷落地凝固而成的一种具有玻璃感的黑色物质。据地质学家推测，几十万年前，一个巨大的陨星撞击亚洲东南部，碰撞形成的玻璃陨石散落到百色盆地。当时在盆地活动的人类，利用河滩的砾石制作石器。落下的玻璃陨石和石器一起被后来洪水所沉积的淤泥覆盖，永久地埋在地层中。因此，玻璃陨石形成和落地的年代，就是与它们同层位的石器的年代。中美考古工作者通过对玻璃陨石的年代测定，确定百色旧石器的年代为距今约 80.3 万年。2000 年 3 月，该研究成果在美国《科学》杂志以彩封的形式发表，在学术界引起了强烈的反响。

砍砸器

旧石器时代

2002 年，百色上宋遗址出土

砍砸器是用石块直接打制而成的，绝大多数为单面加工，两面加工者很少。加工全部使用锤击法，修整方式有单向、交互、错向三种。根据刃数及刃缘特征，可分为单边砍砸器、双边砍砸器、多边砍砸器和盘状砍砸器。

手镐

旧石器时代

1995 年，百色百谷遗址出土

手镐也叫大型尖状器，制作简单，多为单面加工，把手不加修理，而尖部
则经过刻意的修整。其形状类似手斧，具有类似手斧的功能和用途。

2. 桂南大石铲遗址出土的文物

新石器时代，古人类的活动遗迹遍布广西，其文化遗存广泛分布于石灰岩洞穴、河流两岸阶地和海滨附近。早期的石器仍以打制石器为主，同时与磨制石器、陶器并存。后来随着农业的出现和发展，打制石器日渐减少乃至消失，而磨制石器日渐增多，最后完全取代了打制石器。到了新石器时代晚期，与农业生产相关的犁、锄、铲、磨盘、杵等石器大量出现，石器磨制技术日益精湛，器型越来越多，也越来越复杂。

这一时期，在广西南部地区的坡岗上，出现了一种短柄、双肩、束腰、弧刃的原始文化石器 —— 石铲。因为这类石器的分布地域以广西南部地区为主，故称之为桂南大石铲，而以出土大石铲为特征的古文化遗址则称为桂南大石铲遗址。桂南大石铲最显著的特点是短柄、双肩、束腰、弧刃，数量较多，大小不一，器形棱角分明，弧线柔和、对称，器体光洁润滑，十分美观。

石铲从双肩石斧演变而来，是一种小柄、双肩、束腰、舌面、弧刃的劳动工具，多用页岩、板岩、砂岩和石灰岩制作，少数用燧石或玉石制作，形体硕大，棱角对称，打磨光洁，造型美观，具有浓郁的地方特色。

关于石铲的用途，目前专家尚有不同的意见，主要有生产工具说、武器说、生殖崇拜说等。然而从石铲的形制和其出土时刃部朝天、直立圆形排列，没有使用过的痕迹等状况来看，大多数学者认为石铲并非实用器，而是与农业生产有关的祭祀活动的器具。

束腰形双肩玉铲

新石器时代

长 16.2 厘米，宽 11.2 厘米，厚 1 厘米

1964 年，隆安县大龙潭采集

广西出土的石铲数量较多，但以玉为制作材料的石铲较为罕见。该石铲采用青玉石磨制，铲身扁平，两肩平直，上端有短柄，束腰，刃口呈弧形，刃部锋利，器形规整，磨制精致，是广西新石器时代晚期较有代表性的器物，对于研究和了解当时岭南地区的原始农业经济、农具种类和玉石加工工艺等具有重要的意义。

束腰形双肩石铲

新石器时代

长 35.1 厘米，刃宽 15.8 厘米，厚 1.8 厘米

1963 年，邕宁县长塘采集

楔形双肩大石铲

新石器时代

长 66.7 厘米，刃宽 27.2 厘米，厚 1.9 厘米

1964 年，隆安县大龙潭采集

器身扁平，弧刃，直腰，双重肩，上端有短柄；
形体硕大，形制规范，平整光滑，磨制精细，
工艺精致，造型美观。

楔形双斜肩长石铲

新石器时代

长 25.6 厘米，刃宽 10 厘米，厚 1 厘米

1957 年，隆安县双邓出土

束腰形双肩石铲

新石器时代

长 35.6 厘米，刃宽 21.6 厘米

1975 年，武鸣县潭勃出土

楔形双斜肩长石铲

新石器时代

长 62.8 厘米，刃宽 16 厘米

1973 年，扶绥县那淋出土

直腰形双重肩石铲

新石器时代

长 23.2 厘米，刃宽 9.6 厘米

1975 年，玉林潭良小学出土

3. 岩洞葬出土的文物

　　岩洞葬又称为崖洞葬、岩穴葬、幽岩葬、岩棺葬等，是流行于我国古代南方民族地区一种较为特殊的埋葬习俗，其基本特点是以天然洞穴作为葬地。瓯骆地区众多的岩溶洞穴，不仅为古人类的生存提供了十分有利的条件，同时也为岩洞葬的起源、发展、流行提供了良好的自然地理条件。据不完全统计，自 20 世纪 70 年代以来，广西已在 26 个县市发现了不同时期的岩洞葬共 138 处，主要分布于桂西、桂西南、桂西北和桂中地区的左江、右江、红水河以及柳江流域，桂东、桂东北也有零星分布。年代从新石器时代末期一直到明清时期，其中先秦时期的岩洞葬共计 18 处。先秦时期的岩洞葬与明清时期的岩洞葬有着明显的差别，不但埋葬方式较为独特，而且随葬品也较为丰富。

三足陶釜

新石器时代

高 9.2 厘米，口径 8.8 厘米，腹径 10 厘米

2003 年，武鸣县仙湖镇弄山岩洞葬出土

夹细砂红褐陶，敞口，尖唇，口沿微外翻，斜肩，鼓腹稍内折，圜底，底附三足，足外撇。器身表面饰交错细绳纹，上腹部在绳纹上又饰有 5 组斜线和弧线刻划纹。

陶釜

新石器时代

高 10.2 厘米，口径 9 厘米，腹径 10.8 厘米

2003 年，武鸣县仙湖镇弄山岩洞葬出土

夹细砂红褐陶，颈部纹饰被抹平，腹上部绳纹上的刻划纹为一组三线组合、彼此相连的曲线纹，形似一座座连绵起伏的山峰。

三足陶罐

新石器时代

高 14 厘米，口径 9.6 厘米，腹径 13.4 厘米

2003 年，武鸣县仙湖镇弄山岩洞葬出土

夹细砂红褐陶，敞口，束颈，深腹近直，腹下部圆鼓下坠，圜底，底附 3 个外撇的矮乳足。口内外和领至肩部涂抹一层薄薄的暗褐色陶衣；肩至底饰交错细绳纹，腹上部在绳纹之上绘饰一道连续的宽带曲线纹。

陶杯

新石器时代

高 5.3 厘米，口径 7.2 厘米

2001 年，武鸣县两江镇岜旺岩洞葬出土

泥质红褐陶，直口，平唇，直腹，圜底近平。器表饰交错细绳纹，口沿下饰一周宽带彩绘。

绳纹陶罐
新石器时代
高 13.6 厘米，口径 10.2 厘米
1958 年，龙州县八角岩遗址出土

细绳纹三足陶罐
新石器时代
高 18.6 厘米，口径 8.7 厘米，腹径 13.2 厘米
1973 年，大新县歌寿岩遗址出土

夹细砂陶，器表颜色不均，有红褐色、灰黑色和黑色等。
微敞口，高直领，斜肩，深腹，腹下部内收，圜底，底
附 3 个矮乳足。器身表面通饰细绳纹，肩与腹上部在绳
纹之上饰有多线刻划曲线纹。

细绳纹圜底陶釜

新石器时代

高 15.5 厘米，口径 12 厘米

1973 年，大新县歌寿岩遗址出土

夹细砂红褐陶，微敞口，直领，斜溜肩，扁鼓腹，器体最大径在腹下部，圜底。
器表肩部至底饰细绳纹，在下腹部的绳纹之上，又从左至右滚压一扁绳纹，
形成近似交错的方格纹。底部有黑色的烟炱痕。器形规整，烧制温度高。

陶纺轮

商代中晚期（公元前 1300—前 1046 年）

左上：直径 3.1 厘米，孔径 0.5 厘米，厚 1.3 厘米

右上：直径 2.8 厘米，孔径 0.4 厘米，厚 1.1 厘米

左下：直径 3.3 厘米，孔径 0.36 厘米，厚 1.2 厘米

右下：直径 3.2 厘米，孔径 0.5 厘米，厚 1.2 厘米

2001 年，武鸣县马头镇那堤村敢猪岩洞葬遗址出土

石锛

商代中晚期（公元前 1300—前 1046 年）

长 6.9 厘米，刃宽 4.5 厘米，厚 1.1 厘米

2001 年，武鸣县马头镇那堤村敢猪岩洞葬遗址出土

石锛

商代中晚期（公元前 1300—前 1046 年）

长 10 厘米，刃宽 4.4 厘米，厚 0.9 厘米

2001 年，武鸣县马头镇那堤村敢猪岩洞葬遗址出土

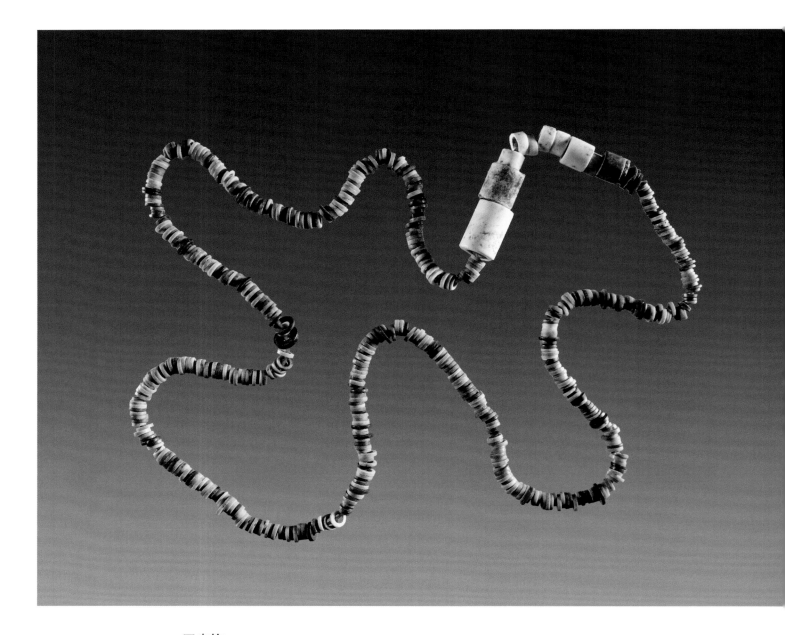

玉串饰

商代中晚期（公元前 1300—前 1046 年）

最大者长 1.8 厘米，直径 1.05 厘米，孔径 0.4 厘米

最小者长 0.17 厘米，直径 0.4 厘米，孔径 0.2 厘米

2001 年，武鸣县马头镇那堤村敢猪岩洞葬遗址出土

广西的玉器，最早出现于距今 4000 多年的新石器时代晚期，器型不多，仅见于斧、锛、钺、铲等，且多为实用器物。至商代中晚期，玉器多用于祭祀。这个时期的玉器，工艺简单，器型有玉片、玉玦、玉管、玉镯、玉环、玉凿、玉扣等。

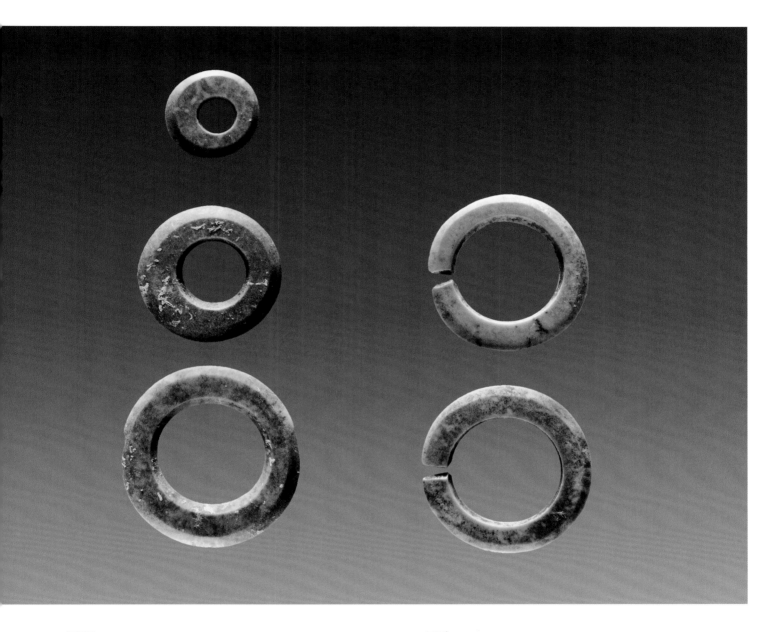

玉环

商代中晚期（公元前 1300—前 1046 年）

上：外径 1.62 厘米，孔径 0.6 厘米，厚 0.16 厘米

中：外径 2.31 厘米，孔径 1.12 厘米，厚 0.19 厘米

下：外径 3.28 厘米，孔径 1.93 厘米，厚 0.16 厘米

2001 年，武鸣县马头镇那堤村敢猪岩洞葬遗址出土

玉玦

商代中晚期（公元前 1300—前 1046 年）

上：外径 3.33 厘米，孔径 2.13 厘米，厚 0.26 厘米

下：外径 3.08 厘米，孔径 2.0 厘米，厚 0.22 厘米

2001 年，武鸣县马头镇那堤村敢猪岩洞葬遗址出土

玉环有缺为玦。玦有特别的含义，古人以为"君子能决断则佩玦"。新石器时代，玦被用作耳饰，商周时期则与环、璧等连成组佩。

4. 其他遗址出土的文物

　　新石器时代晚期，瓯骆先民不仅掌握水稻的种植技术，还因地制宜地发展旱作农业。制陶技术有了很大进步，大多采用轮制，出现了少量的划纹、印纹泥质陶，器形已较为规整，种类增多。

　　商周时期，岭南地区的瓯、桂国、损子、产里、仓吾、路（骆）等方国崛起，其中瓯、路（骆）是岭南越族中两个古老而强大的方国。西周时期，瓯骆先民已能铸造青铜兵器、生产工具和其他小件器物。1986年，在武鸣县马头乡元龙坡发掘了一群西周至春秋时期的墓葬，出土了不少极富地域特色的青铜器，如喇叭形内衔鹰嘴钩舌的圆形器、斜刃钺、新月形刀、桃形镂空血槽镞等。此外，还出土了一批与铸造铜器有关的砂石铸范，有的圆形器、斜刃钺、新月形刀、镂空镞放入石范中正好吻合，证明就是利用这种石范浇铸出来的。

炭化稻米

新石器时代

2002 年，资源县晓锦遗址出土

资源县晓锦遗址属桂北已知海拔最高的新石器时代遗址，地处长江流域与珠江流域的交汇处。1998—2002 年先后对此遗址进行 3 次发掘，共出土石器、陶片、炭化稻米和果核等各类珍贵文物 2000 多件，并发现具有考古价值的墓葬和建筑遗迹。特别值得一提的是遗址出土的 13000 多粒炭化稻米，经专家鉴定，属人工栽培稻，这在广西新石器时代考古中尚属首次发现，为我国岭南地区发现的时代最早、海拔最高、数量最多的一批史前古稻标本，对研究我国稻作农业的起源和稻作文化的传播具有十分重要的意义。该遗址年代距今 6500—3000 年。

穿孔石钺

新石器时代

1999 年，资源县晓锦遗址采集

玉锛

新石器时代末期至青铜时代早期

长 7.7 厘米，上宽 2.7 厘米，下宽 3.8 厘米，厚 0.7 厘米

1997 年，那坡县感驮岩遗址出土

梯形，截面为长方形，平刃。背面顶端较平，侧面有一道磨槽。

感驮岩遗址位于那坡县人民公园后龙山脚下的岩洞中，1959 年、1997 年先后发掘
此遗址，出土了大量的玉石器、陶器、骨器和炭化稻、炭化粟等文化遗物，以及墓
葬、灰坑等遗迹，其中炭化粟在广西属首次发现。这说明在先秦时期，瓯骆先民不
仅掌握水稻的种植技术，还因地制宜地发展旱作农业。该遗址年代从新石器时代末
期延续至青铜时代，距今 4700 — 2800 年。

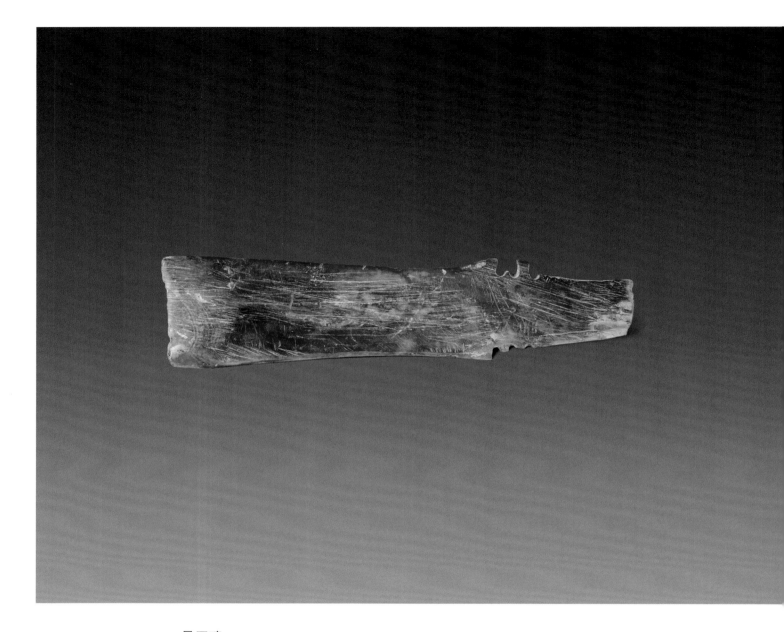

骨牙璋

新石器时代末期至青铜时代早期

高 5.8 厘米，刃端宽 1.4 厘米，柄宽 0.7 厘米，厚 0.2 厘米

1997 年，那坡县感驮岩遗址出土

牙璋，礼器。端刃内弧，微束腰，柄部两侧有前后阑。器身两面有竖向擦痕。这是广西目前发现的年代最早、形状最小的牙璋。

绳纹双耳陶釜

新石器时代

高 10 厘米，口径 17.5 厘米

1962 年，那坡县感驮岩遗址出土

穿孔蚌刀

新石器时代

长 12.2 厘米，最宽 7.7 厘米

1975 年，南宁豹子头新石器时代贝丘遗址出土

蚌刀是用蚌类坚硬的外壳制作而成的一种工具，刃部锋利，主要用于切割
鱼类或剥制动物皮毛等。

兽面纹提梁铜卣

商（公元前 1600—前 1046 年）

高 40 厘米，口径 17×12.8 厘米，底径 19×15.5 厘米

1974 年，武鸣县马头公社全苏免岭出土

盛酒器。卣身及盖四面有棱脊，提梁置于正背面脊上。盖面、腹部饰以浮雕式的兽面纹，眉、目凸起。盖面上两兽面纹向左右，腹部两兽面纹向前后，互不相望。盖缘、颈、圈足均饰夔纹，盖钮饰六只蝉纹。提梁饰夔纹和蝉纹，两端作牛头形。盖内有标志着做器奴隶主族徽的铭文。此卣为典型的中原器物，至于其为何出现在瓯骆地区，有专家猜测，可能是通过赏赐、购买或交换而得来的，也有可能是战利品。

弦纹双斜刃斧状器石范

西周（公元前 1046—前 771 年）

长 9.5 厘米，宽 8~9.4 厘米

1986 年，武鸣县马头乡元龙坡出土

武鸣马头是骆越人的活动中心。1986 年，在武鸣县马头乡元龙坡发掘了 384 座西周至春秋时期的墓葬，出土了铜器、玉器、石器、陶器等大批文物。其中石范的出土，说明西周时期骆越人已有了自己的青铜冶铸业。

云纹伞状形铜器与石范

西周（公元前 1046—前 771 年）

石范长 14.8 厘米，宽 10.3 厘米；伞状形铜器径 9.2 厘米

1986 年，武鸣县马头乡元龙坡出土

石范用红砂岩石块制成，呈长方椭圆形，其中一面刻凿成伞状形器模型，
另一面中部刻凿扁长鹰嘴器钩状模型。两范相合竖立，上小下大，上端浇
注口呈椭圆状。石范与器物相合，应为一套。

重环纹双耳铜盘

西周（公元前 1046—前 771 年）

高 10.5 厘米，口径 30.5 厘米，底径 22 厘米

1985 年，武鸣县马头乡元龙坡出土

云雷纹青铜角形器

西周（公元前 1046—前 771 年）

高 19.9 厘米，口径 7.2×6.6 厘米

1984 年，柳州地区废旧仓库拣选

酒器。呈牛角状，通体饰精美、细腻的云雷纹、弦纹和斜条纹，器形独特，具有重要的历史、艺术、科学价值，是瓯骆青铜文化的典型代表。文献资料记载，古代南方的侗族、苗族有用牛角做酒杯接待贵客的习俗。至今，贵州的苗族、广西三江的侗族仍然保留这一习俗。这件西周云雷纹青铜角形器，为深入研究南方少数民族的历史、艺术、科学技术和民俗文化提供了珍贵的实物资料。

二　瓯骆之光

　　春秋战国时期是西瓯人、骆越人的活跃期。随着与中原交流的逐渐频繁，瓯骆地区的原始社会结构逐渐解体。受中原青铜文化影响，自春秋时起，瓯骆本土铸造的青铜器逐渐增多，器物的地域特征也随着青铜文化的发展而逐渐得到强化。西瓯人、骆越人在春秋早期仅能制造简单的钺、剑、矛、镞等兵器和斧、凿等生产工具，到战国时已能制造铜鼓等大型器物。其青铜文化吸收了毗邻的滇、楚文化因素，同时与广东等岭南地区有着共性。战国时期，西瓯和骆越虽然已进入铁器时代，但仍继续生产和使用青铜器。平乐银山岭、贺州六合、岑溪花果山、象州下那槽、宾阳韦坡、武鸣安等秧、田东南哈坡、田东锅盖岭等地的战国墓葬，都有不少青铜器出土，其中扁茎短剑、弓形格剑、靴形钺、双肩铲形钺、竹叶形刮刀、柱形器、铜鼓等青铜器具有浓厚的地方色彩。制陶业则继承了新石器时代以来的几何印纹陶器的传统。春秋战国时期，陶器的制作达到鼎盛，在形制、装饰方面形成了极具地方特色的风格。尤其是在战国时期，烧成温度较高的印纹硬陶，并突破性地出现了施釉工艺，产生了原始青瓷。

1. 恭城加会春秋墓出土的文物

此墓位于今天的恭城瑶族自治县秧家村，是 1971 年发掘的春秋晚期墓葬。墓中出土了编钟、鼎、尊、罍、戈、钺、剑、镞、柱形器、斧、凿等青铜器物 33 件，包括烹饪器、酒器、乐器和生产工具。其中编钟、鼎、罍、戈等器物的形制和纹饰与同时期中原地区所出同类器物基本相同，可能为中原地区传入。其他如兽钮铜柱形器、提梁鼎、蛇蛙纹铜尊、靴形铜钺和扁茎短剑等则具有典型的南方民族风格，当是本地制作。另外，有些器物在制作上反映了当地文化与异地文化的融合。

兽面纹铜甬钟

春秋（公元前 770—前 476 年）

高 45 厘米，甬长 13 厘米，铣间 22.5 厘米，舞横长 17.5、纵长 14.5 厘米

1971 年，恭城加会秧家村出土

打击乐器。铜钟分为甬钟和钮钟，斜挂的是甬钟，直悬的为钮钟。此钟直圆甬式，甬上有旋，钲侧有凸枚六组，每组各三枚，枚长有景。篆饰斜角云纹，钲饰三角纹，隧饰窃曲纹，背面有凸枚共 18 枚，但无纹饰。此类甬钟为两周时期常见器物。编钟是上层社会专用的乐器，是等级、身份和权力的象征，它不仅是重要的乐器，同时也是重要的礼器。广西地区的青铜文化是在中原文化影响下出现的，自出现之初即伴随着中原青铜器的输入，因此，中原青铜器在瓯骆青铜文化中占有相当大的比重。

兽钮铜柱形器

春秋（公元前 770—前 476 年）

长 33.5 厘米，宽 7 厘米

1971 年，恭城县加会秧家村出土

此器物为棺架上的装饰。器身呈方柱形，上大下小，柱顶有一兽钮。正面有一长方形穿孔，侧面上下各有一方形穿孔，穿孔中可插入条形楔。这种铜柱形器的形制、用法特殊，在春秋时期至西汉初年两广地区的墓葬中较多见，是典型的越式器物。

蟠虺纹铜鼎

春秋（公元前 770—前 476 年）

高 55.5 厘米，足高 20 厘米，口径 58 厘米

1971 年，恭城县加会秧家村出土

鼎是炊器，也是商周时代重要的礼器之一。圆口，附耳，深腹，圜底，马蹄形足。耳内外、口下及腹部各饰一周蟠螭纹，腹部间以二周绳索纹，腹下部饰一周三角纹，膝饰饕餮纹。这一器物浑厚凝重，纹饰纤细，是典型的楚式礼器。

鼎用于烹煮肉食、祭祀，在青铜礼器中居首位，是国家权力、统治阶级地位身份的标志和象征。先秦礼制用奇数鼎与偶数簋相配，代表主人身份，如天子用九鼎八簋，诸侯用七鼎六簋，卿大夫用五鼎四簋，士用三鼎二簋。在"礼不下庶人"的周代丧葬制度中，铜鼎是贵族的专利品，一般平民陪葬的则是日用陶器。

"告"铭提梁铜鼎

春秋（公元前 770—前 476 年）

高 14.5 厘米，足高 7.5 厘米，口径 17.2 厘米

1971 年，恭城县加会秧家村出土

炊器。半环耳，上有提梁，浅腹，圜底，三足细长外撇。器内底铸一"告"
字。此鼎的器形具有明显的地方特色，而器身却铸有汉字铭文，由此可知，
先秦时期汉字已传入岭南。

环耳铜鼎

春秋（公元前 770 — 前 476 年）

高 13.7 厘米，口径 16.7 厘米

1971 年，恭城县加会秧家村出土

炊器。圆口，半环耳，浅腹，圜底，三足细长外撇。此鼎的器形具有浓厚的地方特色。

直耳铜鼎

春秋（公元前 770—前 476 年）

高 12.5 厘米，口径 15.7 厘米

1971 年，恭城县加会秧家村出土

炊器。器身粗矮，圆口，唇微外侈，浅腹，圜底，三足上粗下略尖。此鼎
的地方特征虽然不够典型，但与其他地区常见的类型相比较，也是有差
异的。

双虎耳蟠螭纹铜罍

春秋（公元前 770—前 476 年）

高 39.5 厘米，口径 20 厘米，腹径 37 厘米

1971 年，恭城县加会秧家村出土

盛酒器。体圆，鼓腹，圈足，有盖，盖上有圆形捉手及四环耳，肩有两个
兽形耳，兽作站立回首状。盖上饰蟠虺纹，肩部有凸带纹一周，带上缀圆
涡纹，腹饰蟠螭纹、蟠虺纹各一周，间以凸带纹、凹带纹、绳纹各一周，
纹饰浅细。此器具有楚式特征。

靴形铜钺

春秋（公元前 770—前 476 年）

高 8.8 厘米，刃宽 9.5 厘米

1971 年，恭城县加会秧家村出土

兵器。钺呈短靴形，刃呈弧形，左右两侧不对称，长方形銎，銎部饰雷纹。
青铜钺最早见于夏代晚期，沿用至战国时代。靴形钺常见于西南地区。瓯
骆地区出土的靴形钺与云南等地的靴形钺在形制上有差异，前者呈圆踵形，
平面形状像长筒靴，一般是椭圆形銎或六棱形銎，銎部较长，刃呈弧形，
左右两侧不对称，前端高翘伸出很长，后跟很短，因而又被称为不对称钺，
具有明显的地方特色。

三穿弧援铜戈

春秋（公元前 770—前 476 年）

长 19.4 厘米，胡长 12.3 厘米

1971 年，恭城县加会秧家村出土

兵器。长胡，阑侧有三穿，内上有一穿，为楚式戈。戈为钩杀兵器，多用
于车战，越式兵器中未见，可能与其不适应山林作战有关。

2. 平乐县银山岭战国墓群出土的文物

　　史载秦始皇派兵进军岭南，曾遭越人——西瓯人的顽强抵抗，据此可推测先秦时期西瓯人生活在桂江流域。平乐县银山岭战国墓群于 1974 年发掘，是战国中晚期西瓯人的中小型墓葬。从随葬的铜、铁兵器和生产工具看，墓主人可能既是武士，又是从事农业的生产者。这批墓葬具有明显的地方特点，如墓底设有腰坑，应是商周墓葬的遗俗，但腰坑内放置陶器，这种习俗则仅盛行于两广地区。墓中随葬品均为实用的生活器具、兵器和生产工具，其中盘口鼎、扁茎短剑、人面弓形格剑、双肩铲形钺、靴形钺等器物为当时百越地区所特有。该墓群出土的陶器，器型有瓮、瓿、罐、杯和三足器等，主要纹饰有锥刺纹、印纹和刻划纹三种，其中锥刺纹为当时百越文化所特有。某些印纹硬陶上施有点滴青绿釉，敲击之声音清脆，已达到原始青瓷的水平。

方格纹陶瓮

战国（公元前 475—前 221 年）

高 43.5 厘米，口径 27.8 厘米

1974 年，平乐县银山岭 37 号墓出土

盛器。泥质灰陶，火候较高，胎质坚硬。翻唇，短颈，圆肩，平底。最大径在腹上部。通体饰方格纹。战国时期，以米字纹、弦纹、水波纹、绚纹、锥刺纹和刻划符号等纹饰为特征的瓮、罐、钵、杯等硬质陶器在瓯骆地区出现，并出现了白陶、釉陶和原始青瓷，夹砂陶器仍较为常见。

米字纹四系陶瓮

战国（公元前 475—前 221 年）

高 48.5 厘米，口径 33 厘米

1974 年，平乐县银山岭 26 号墓出土

盛器。泥质灰陶，火候较高，胎质坚硬。侈口，短颈，鼓腹，平底。最大
径在腹上部，肩部置四系。通体饰米字纹。

三足陶瓿

战国（公元前 475—前 221 年）

高 13.8 厘米，口径 12 厘米

1974 年，平乐县银山岭 3 号墓出土

盛器。直口，广肩，斜直腹，平底，三足。肩部置一对兽形环耳，一侧有
"W"形刻划符号。腹侧有黄绿釉斑。泥质灰陶，胎质坚硬，火候较高，
叩之声响清脆，已达到原始瓷器的水平。

弦纹双系陶瓿

战国（公元前 475—前 221 年）

高 11.3 厘米，口径 10.2 厘米

1974 年，平乐县银山岭 115 号墓出土

盛器。泥质灰陶，火候高，胎质坚硬。器表残留青褐色釉。直口，方唇，
广肩，斜直腹，平底。肩上置双耳，上饰一周锥刺纹，另有一"W"形刻
划符号。肩部、腹部饰细密的弦纹。锥刺纹是瓯骆文化中特有的装饰花纹，
未见于同一时期中原地区的陶器上。

单柄三足陶罐

战国（公元前 475—前 221 年）

高 15 厘米，口径 9.5 厘米

1974 年，平乐县银山岭 108 号墓出土

盛器。泥质灰褐陶，火候高，胎质坚硬。器表施少量薄釉。子口，椭圆形腹，平底，下附三足。腹部一侧有弓形鋬耳，其上端截切成锯齿状，两侧刮削起棱。腹部满施粗宽密集的弦纹，下腹近耳处有刻划符号。

夔纹铜盖鼎

战国（公元前 475—前 221 年）

高 13.2 厘米，口径 10.5 厘米，腹径 12.9 厘米，腹深 6.2 厘米

1974 年，平乐县银山岭 22 号墓出土

炊器。方形附耳，圆腹，圜底，扁蹄足。腹部饰有两周凸弦纹。盖顶置小钮，盖面
与附耳饰夔纹。鼎足外撇是越式鼎的显著特征之一。

铁足铜鼎

战国（公元前 475—前 221 年）

高 13 厘米，口径 14.4 厘米

1974 年，平乐县银山岭 55 号墓出土

炊器。方形附耳，三角形耳孔，扁圆腹，圜底，短柱状足。鼎身铜铸，足
心为铜质，外包铁皮，系浇铸而成。在平乐县银山岭战国墓葬中出土了相
当数量的铁器，反映出中原先进生产技术首先通过湘桂走廊在西瓯地区推
广。西瓯聚居地由此成为广西历史上开发较早的地区，也成为较早与中原
文化融合的地区。

圆首双箍铜剑

战国（公元前 475—前 221 年）

长 44 厘米，刃宽 4.1 厘米

1974 年，平乐县银山岭 74 号墓出土

兵器。圆首，茎呈圆柱状，上有两周凸箍，宽格，剑身
宽扁，中起棱。此剑是春秋晚期至战国时期在中原地区
及楚地的流行剑式。

扁茎铜短剑

战国（公元前 475—前 221 年）

长 17.3 厘米，刃宽 2.8 厘米

1974 年，平乐县银山岭 8 号墓出土

"江鱼"铭铜戈

战国（公元前 475—前 221 年）

内长 8.8 厘米，胡长 8.8 厘米，援长 14.2 厘米，宽 2.7 厘米

1974 年，平乐县银山岭 4 号墓出土

兵器。器耳光亮，援瘦长，中脊不显，内平直，有三面刃，中央有一穿，阑侧三穿。内上一面细刻"江鱼"二字。江、鱼为楚之属地，战国晚期归秦。另一面也细刻文字，但大部分已被腐蚀，仅能识读"廿八年"三字。

方銎云纹铜钺

战国（公元前 475—前 221 年）

长 7.8 厘米，刃宽 5.9 厘米

1974 年，平乐县银山岭 8 号墓出土

兵器。钺呈凸字形。六棱形銎，弧刃，甬部有模印图案花纹。瓯骆地区的
铜钺流行于先秦时期，秦以后未有发现。

3. 其他地区出土的文物

　　新石器时代晚期出现在桂东北、桂东地区的几何印纹陶，经商周到春秋战国达到鼎盛时期，战国后期逐渐衰落，甚至消失。

　　兵器，在发掘的墓葬中占有重要地位，这不但与瓯骆人居住分散、部族多、各部族之间时常发生冲突有关，而且楚越之间也战事频发。当时，楚之势力已扩展到岭南地区，成为南方一霸，并发展形成南方民族的融合中心，因此瓯骆文化与楚文化关系密切。

夔纹方格纹四系陶罐

春秋（公元前 770—前 476 年）

高 24.9 厘米，口径 9.2 厘米，腹径 28 厘米

1963 年，贺县桂岭出土

直口，短颈，鼓腹，圜底。肩部置四横耳。肩至腹中部满饰夔纹，腹中下部饰方格纹。中原地区常用夔纹作为青铜器的装饰，而方格纹则多见于广西地区出土的陶器上，此罐纹饰集夔纹、方格纹于一身，反映了广西与中原地区文化的交流与融合。

雷纹方格纹陶釜

春秋（公元前 770—前 476 年）

高 29.5 厘米，口径 19.2 厘米，腹径 28 厘米

1963 年，贺县桂岭出土

敞口，短颈，鼓腹，圜底。肩部、腹部饰雷纹，近底部饰方格纹。这是一种印纹硬陶器，仅出现于广西地区春秋时期的墓葬中，颇具地方特色。一般认为，几何印纹硬陶器是百越文化中最富有特征和代表性的器物，它的产生、发展和消失几乎是与百越文化的产生、发展和消失相伴始终的。

圆首一字格铜短剑

战国（公元前 475—前 221 年）

长 29 厘米，刃宽 6.5 厘米

1977 年，田东县祥周锅盖岭出土

兵器。圆首，扁圆茎，格呈一线；茎中空，
一面穿孔，两面饰回纹；扁身，柄身一次铸
成，中脊不显，两面饰卷云纹；刃部两侧中
段突起，平面呈梭形。一字格剑是受西部滇
文化影响的产物。

扁茎穿孔铜短剑

战国（公元前 475—前 221 年）

长 21.1 厘米，刃宽 3.1 厘米

1977 年，田东县祥周锅盖岭出土

人面弓形格云雷纹铜短剑
战国（公元前 475—前 221 年）
长 23.6 厘米，刃宽 4.2 厘米
2002 年，南宁市邕江水下捞出

兵器。无剑首。扁状茎，中部束收，近格处加宽。剑格两端微上翘。剑身
起脊，最宽处在中部，平缓向前收束，前端骤收成锋。近格处饰人面纹，
剑格弯曲如弓。这种剑仅见于战国时期的岭南地区。

弦纹椭圆銎斜弧刃铜钺

战国（公元前 475—前 221 年）

长 8.9 厘米，刃宽 9.4 厘米

1992 年，南宁市邕江水下捞出

兵器。椭圆銎，不对称斜弧刃。前后两面的左右两肩之间均有一条不规整的弧状凸弦纹，銎的中下部铸有一条横线。此类型钺在广西武鸣战国墓也有出土，并有石范伴出，证明其为本地所产。

云纹三角形铜匕首

战国（公元前 475—前 221 年）

长 30.9 厘米，刃最宽 7 厘米

1992 年，南宁市邕江水下捞出

兵器。扁茎，无格，宽扁叶，呈锐角三角形，截面为菱形。茎部刻细线云纹和錾点纹，叶面浅刻极其纤细的栉纹、三角形细线纹、眼状纹。此类型匕首在广西武鸣战国墓也有出土。

U 形銎桂叶形单鼻铜矛

战国（公元前 475—前 221 年）

长 16.7 厘米，刃宽 3.6 厘米

1992 年，南宁市邕江水下捞出

兵器。刃部呈桂叶形，中脊凸起，锋末收杀成尖。
銎口呈鱼嘴状，骹部为圆筒形，两侧起脊，一侧
中部有凸起的鼻形钮，钮上有两个小穿孔。

菱形銎铜矛

战国（公元前 475—前 221 年）

长 36.5 厘米，刃最宽 5.8 厘米

1977 年，田东县祥周锅盖岭出土

兵器。扁平，菱形。两脊凸起，直贯锋尖。长骹，
断面呈椭圆形，两侧附环钮，已残。

人首纹铜剑

战国（公元前 475—前 221 年）

长 39 厘米，宽 6.2 厘米

1980 年，灵山县石塘出土

剑首为一对并列圆环。环由重圈构成，其间由 7 根轴状小枝连接，如车辐。
剑茎扁体实心，上段、下段窄，中段宽。上段正中两侧饰"山"形齿状扉棱，
两面均饰有三组双体云纹。中段以下起凸棱，下段前后两面正中由 6 道阴
线隔开，各施一周卷云纹。剑格两端上扬，中部微弯曲，近似弓形。剑身
呈宽叶形，最宽处位于中部，其上纹饰以平凸线阳纹为主。剑身基部无脊，

下部起棱脊，上部饰人面图案。人面整体由平凸线构成，眉、目、口、鼻均以阴线成形，人面上有阴线双体簪饰，两侧阴刻锯齿纹，下垂阳刻双轮。其下是"半"和"丫"形凹体，左右歧出卷云纹。下部起脊，从部无血槽，锷锋利。该剑是目前所知同类铜剑中最长的。

双环首云纹铜剑
战国（公元前 475—前 221 年）
长 24.2 厘米，刃宽 4 厘米
1989 年，田阳县隆平村附近的右江捞出

剑首、剑茎、剑身为一次铸成。剑首为并列双环，环体两面各饰 4 个长方
形回纹。剑茎扁体实心，上端中段两侧均有"山"形齿状棱脊，中部粗大，
下端在栉纹边框内分 3 组填饰云纹。剑格两端上扬，中部呈弧形弯曲，上
饰栉纹。剑身宽厚，最宽处近剑格。剑身上端饰"V"形图案，分 3 段向

左右伸出羽状球纹，在顶端仅留有一个三角形框。两面纹饰造型大致相同，
不同之处在于，一面的三角形是阳纹，另一面的三角形是阴纹。

三　多元异彩

　　秦、西汉时期，大批中原人迁居岭南，带来了先进的生产技术和文化。岭南地区西汉前期的墓葬仍保留了战国时期的风格，随葬品中的陶器、青铜器占有较大比重，仍多为实用的兵器、生活用具和生产工具。尽管中原地区的青铜文化日渐式微，但瓯骆地区的青铜文化却在中原先进生产技术的影响下，逐渐进入鼎盛期，在器型及纹饰上既具有中原风格，又有着浓厚的地方特色，并兼杂楚、滇文化因素，反映了多种文化的交流和融合。值得注意的是，西汉中期以后，以合浦、贵县（今贵港市）为中心，出现了一种新的装饰工艺——錾刻，即在案、盘、盒、樽、魁、壶、高足杯等薄胎铜器表面，錾刻精细的锯齿纹、菱形纹、羽毛纹、织锦纹等团花纹，间有龙、凤、异兽、鱼、虫等动物纹样，繁缛富丽。此外，由于漆器的生产，也出现了用漆在铜器表面描绘花纹图案的工艺。在西瓯、骆越的墓葬中，出土了一批漆绘铜器，包括杯形壶、蒜头形扁壶、钫、盆、提梁筒等。几何印纹陶器仍是最具浓厚地方特色的器类，器型、纹饰传承明显，与北方地区盛行的灰陶相比，其火候更高，陶质更坚硬。西汉后期墓葬中的随葬品逐渐形成定制，除日用器外，还出现了井、灶、仓、楼舍等模型明器。

1. 贵县（今贵港市）罗泊湾 1 号汉墓出土的文物

贵县（今贵港市）罗泊湾 1 号汉墓于 1976 年在广西贵县（今贵港市）发掘，是西汉前期具有代表性的大型木椁墓。椁室呈"凸"字形，分前、中、后三室，共 12 个椁箱。斜坡墓道东侧有车马坑，椁底板下有 2 个器物坑和 7 个殉葬坑。墓中出土铜器、铁器、漆木器、陶器、玉石器、纺织物、植物种实等 1000 余件随葬品。墓主人可能是西汉初年任南越国桂林郡高级官吏的中原人，又一说为相当于列侯的西瓯君，还有一说为分封诸侯的骆越首领。墓中出土的铁锸、铜壶、铜匜、铜盆和盖鼎等器物与黄河、长江流域同时期墓葬所出器物相同；羊角钮钟、铜鼓等器物与滇文化关系密切；盘口鼎、附耳铜桶、筒形钟等器物则具有浓厚的地方特色。某些器物上的汉字铭文，提供了器物产地、流传地名和有关度量衡的信息。

人面纹羊角钮铜钟
西汉（公元前 202—公元 8 年）
高 19 厘米，横径 4 厘米，纵径 8.1 厘米，底宽 14 厘米
1976 年，贵县（今贵港市）罗泊湾 1 号墓出土

打击乐器。钟呈半截橄榄形，上小下大，顶有羊角形钮，上端开长方形孔。身部正面铸人面纹，眼、鼻、口隐约可见。羊角钮钟流行于战国晚期至西汉初，目前已知年代最早的羊角钮钟出土于云南楚雄万家坝的春秋晚期墓，但以岭南发现最多，在广西花山岩画上也有此类钟的图像。瓯骆地区应是这类钟的主要产地。同一组的羊角钮铜钟往往形体大小有差异，音频有高有低，可以成组演奏，也可以与铜鼓或其他乐器一起演奏。羊角钮钟与铜鼓关系密切，但西汉以后可能被其他乐器所取代而趋于消失，不复再见了。

"布七斤"铭环耳筒形铜钟

西汉（公元前202—公元8年）

高29.8厘米，纵径9.5厘米，横径11厘米

1976年，贵县（今贵港市）罗泊湾1号墓出土

打击乐器。直筒形，平顶，上有孔，顶端有实心半环钮。钟身下端两侧对开长方形缺口。正面篆刻"布七斤"三字。此钟实测重1866克。"布"，是汉时布山县（今贵港市）之省文。

"布""析""蕃"铭铜鼎

西汉（公元前202—公元8年）

高20厘米，口径18厘米

1976年，贵县（今贵港市）罗泊湾1号墓出土

炊器，汉式鼎。盖呈半球形，上有三环钮，长方形附耳，圆腹，圜底。腹
外壁有凸棱一周，膝部有一对镶嵌眼，原嵌饰物已失，下腹部有三个马蹄
形足。盖面一侧刻"析"，另一侧刻"布"；腹外壁口沿至凸棱间一侧刻"蕃
二斗二升""析二斗大半升"，另一侧刻"一斗九升"；腹下部刻"布"字。
"析"即析县的省文，汉之析县在今之河南省西峡县；"蕃"即蕃禺的省文，
汉之蕃禺即今之广州；"布"是布山的省文，汉之布山即今之广西贵港市。
该鼎实测容量为4000毫升，如按"二斗二升"计算，折合每升相当于今

118.8毫升；按"二斗大半升"计算，折合每升相当于今 193.6 毫升；按"一斗九升"计算，折合每升相当于今 210.5 毫升。由器身上的铭文可知，此件铜鼎曾在楚地析县使用，后来传入南越的蕃禺和瓯骆的布山，亦可由此推知当时三地度量衡之间的差异。

"二斗少半"铭越式铜鼎

西汉(公元前 202—公元 8 年)

高 28.5 厘米,口径 23.5 厘米

1976 年,贵县(今贵港市)罗泊湾 1 号墓出土

炊器。盘口,绞索形耳,束颈,扁腹,平底,三足细长外撇,足外侧起棱。越族地区的铜鼎多为盘口,立耳,束颈,扁腹,平底,三撇足,皆为实用器,底部布满烟炱,有的还修补过,与"椭球形器身,子母口合盖,三蹄足"的汉式鼎明显不同,因此考古界称其为"越式鼎",在粤西、桂东北及桂东南地区的春秋战国墓葬中均有出土。此器口沿内侧刻"二斗少半"四字,应是该鼎的容量。其实测容量为 4060 毫升,折合每升相当于今 199.68 毫升。

"二斗二升"铭越式铜鼎

西汉（公元前 202—公元 8 年）

高 28 厘米，口径 23.8 厘米

1976 年，贵县（今贵港市）罗泊湾 1 号墓出土

炊器。盘口，绞索形耳，束颈，扁腹，平底，三足细长外撇，足外侧起棱。口沿外侧刻"二
斗二升"四字，应是指此鼎的容量。其实测容量为 4200 毫升，折合每升相当于今 190.91 毫升。

"布""析"铭铜鼎

西汉（公元前 202—公元 8 年）

高 20.4 厘米，口径 18 厘米

1976 年，贵县（今贵港市）罗泊湾 1 号墓出土

炊器，汉式鼎。盖上有三环钮，长方形附耳，圆腹，圜底，下腹部有三个马蹄形足。腹外壁有凸棱一周。盖上刻"布"，腹外壁凸棱上刻"布""析""析二斗一升""二斗大半升"铭。有学者认为，"二斗一升"是析县使用时的容量，"二斗大半升"则是布山县使用时的容量。该鼎实测容量为 4000 毫升，如以"二斗一升"计算，每升相当于今 190.5 毫升；以"二斗大半升"计算，每升相当于今 193.6 毫升。

"布"铭铜桶

西汉（公元前 202—公元 8 年）

高 27.1 厘米，口径 26.2 厘米，底径 22.6 厘米

1976 年，贵县（今贵港市）罗泊湾 1 号墓出土

盛储器。圆筒形，上大下小，平口，平底，内凹成圈足。装饰风格与铜鼓十分相似，上部刻饰栉纹及勾连雷纹带，中部为勾连雷纹带，下部是栉纹带。腹上部一侧刻有一"布"字，当是布山的省文。桶耳下方刻有"十三斤"三字，应是此桶自身的重量。其实测重 3405 克。铜桶是岭南地区极富地方特色的容器，大约流行于战国晚期至西汉时期，是瓯骆文化中最具代表性的典型器物，对研究中国古代南方少数民族文化、民族关系等问题具有重要意义。

漆绘提梁铜筒

西汉（公元前202—公元8年）

高41.8厘米，盖径13.8厘米，底径13厘米

1976年，贵县（今贵港市）罗泊湾1号墓出土

盛酒器。盖顶有环钮，深直腹，上部有一对铺首衔环耳，系活动提梁，圈足。同类器物在江苏、安徽、河北、辽宁、宁夏、山西、山东、陕西等地汉墓均有出土。其形状类似今广西壮族、苗族、瑶族人民外出劳动时随身携带用以盛水或装粥的竹筒。此器盖面绘勾连云纹，足部绘菱形纹。器身漆绘，上下共四段，每段均自成一个完整的画面。

第一段似二人观斗兽。画面右方绘一独角兽，面对一似虎之物。独角兽腾空而起，向前猛冲；虎颈前伸，右前肢抬起迎上。画面中间有一朱雀。

第二段分为两组：一组绘两人围一朱雀及一兽对舞；另一组是一人荷矛牵犬前行，一人跪送。

第三段分为三组：第一组一人骑虎；第二组有三人，一人负长矛而立，一人腋下挟剑而跪，一老者策杖而行。第三组三人，以一高柄灯为中心，灯左方一人，侧身而立，似在言语；灯右侧二妇人，一前一后跪坐。

第四段分为三组：第一组是画面左方，一人在奋力搏兽；第二组二人位于画面中间，相跪而揖；第三组二人戴冠，着深衣相向而揖。

漆绘画面的内容，以上下不同层次展开，这种表现方式正与长沙马王堆一号汉墓出土的T形帛画相同。所画题材造型生动，线条流畅，给人以惟妙惟肖之感。其中，人物的造型、服饰可在战国楚人绘画遗物中找到源头，而且画面中两次出现的朱雀也是楚人艺术创作中最为常用的母题之一。此外，画面的构图亦颇具匠心。故事的发生是以人物的行为动态提领情节，其间以流云、花木、山岭补白，显得详略得当，浑然一体。作为一件难得的艺术品，此幅漆画是我们研究当时有关情况的重要实证。

漆绘铜盆

西汉（公元前202—公元8年）

高13.5厘米，口径50厘米，底径44.5厘米

1976年，贵县（今贵港市）罗泊湾1号墓出土

水器。平口，宽唇外折，直腹，圜底。上腹部有两对对称的铺首衔环，内底有冲压时产生的辐射线。口沿和腹壁内外均有漆彩。口沿上饰菱形图案，腹内壁画的是龙、鱼和卷云，两条互相追逐的巨龙构成整个画面的主体。龙的口中含珠，珠恰为每个铺首背后的铆钉。此盆有4个衔环的铺首，其内壁有4个铆钉。有两个铆钉则画成柿蒂形花朵。一条龙的颈部弯曲处和另一条龙的尾摆处，又各填绘一条鲤鱼，构图巧妙，严谨自然。腹外壁画的似乎是一组前后连贯的叙事画，绘画风格及技法应是承继楚人。画面以四个铺首为间隔，分四组：

第一组三人一兽，正中一人向右侧坐，面对一兽，兽似野猪；右边二人作对打状。

第二组四人一马，马四蹄飞扬，一人四肢伸开，仆于马侧；马前一人持杖回首惊望，马后一人持长兵器阔步追赶；最后一人弯腰下蹲，似惊骇状。

第三组五人，中间一人耸肩盘坐，着长袍，双手相握置于腹前；其左前方有二人手持长兵器拱手相趋，右前方有一人腋下夹长兵器拱手而立，其后又有一人披发，着短裤，举手向后呼唤。

第四组七人，一人盘坐正中，其右前方三人，手持钩形兵器并排而立，左前方有个力士，右肩扛个小人，迎面而来，其后有一人大步追赶。

彩绘勾连云纹铜壶

西汉（公元前202—公元8年）

高42.8厘米，口径16.2厘米，底径18.6厘米

1976年，贵县（今贵港市）罗泊湾1号墓出土

盛酒器。平口，短颈，圆腹，圈足。器盖上置三只兽形耳，肩部有一对铺首衔环。颈部、腹部有漆绘图案，颈部饰蝉形垂叶纹，腹部绘勾连云纹。

蒜头形铜扁壶

西汉（公元前 202—公元 8 年）

高 26.4 厘米，口径 3.6 厘米，底径横 21.5 厘米、纵 6.8 厘米

1976 年，贵县（今贵港市）罗泊湾 1 号墓出土

盛酒器。壶口为六瓣蒜头形，短颈，宽肩，两肩各有一铺首衔环，扁圆形腹，长方形圈足，足部饰三角形镂孔。器表原髹黑漆，已剥蚀。

环耳杯形铜盖壶

西汉（公元前 202—公元 8 年）

高 39.3 厘米，口径 13.6 厘米，底径 11 厘米

1976 年，贵县（今贵港市）罗泊湾 1 号墓出土

盛酒器。壶呈杯形，形制特殊。上粗下细，弧形腹。子口合盖，盖面隆起，有四只环钮，盖器扣合严密。腹部上方有一对活动环耳，下部收杀，平底，低圈足外展。器表打磨光洁，原髹漆。

铺首衔环铜匜

西汉（公元前 202—公元 8 年）

高 19.5 厘米，口径 42.2 厘米，底径 25.3 厘米，流长 16 厘米

1976 年，贵县（今贵港市）罗泊湾 1 号墓出土

水器。器作瓢形，壁薄，形体较大。椭圆形口，微敛，有子口阶，流作长
槽状，腹上部左、右、后三面均有鎏金的铺首衔环，腹下部收折成小平底。
此匜来自中原地区，反映了这一时期南北文化的交流情况，说明瓯骆地区
的上层人物与中原地区一样有着"奉匜沃盥"的习俗。

三足铜案

西汉（公元前 202—公元 8 年）

高 11 厘米，面径 60.5 厘米

1976 年，贵县（今贵港市）罗泊湾 1 号墓出土

此器系用铜鼓改制而成，鼓胸部以下被截除，面焊三蹄足。直口，浅腹，直壁，平底，腹侧有四只铺首，腹外壁饰蟠虺纹。鼓面中心为太阳纹，共十二芒，芒间有套叠人字纹和圆圈纹，主晕为四只翔鹭，另有栉纹及勾连雷纹。

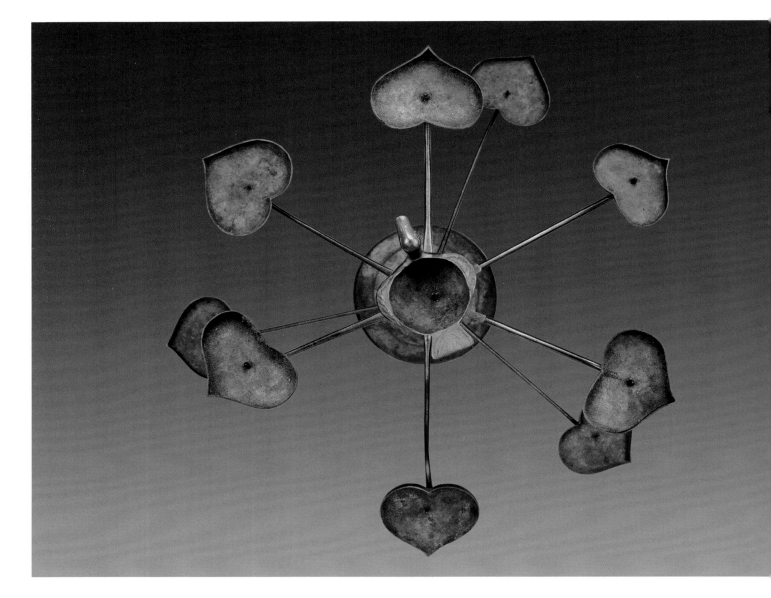

扶桑树形铜灯

西汉（公元前 202—公元 8 年）

高 85 厘米，底径 20 厘米

1976 年，贵县（今贵港市）罗泊湾 1 号墓出土

汉代瓯骆地区的青铜灯具多种多样，其形状有植物形的，有动物形的，还有人体形的。此灯呈树形。主干呈圆柱形，上细下粗，下端为宝瓶形，覆盘形底座。主干顶端平置一金乌形灯盘，其背部内空，中心有一插蜡锥。主干分三层向外伸出枝杈，每层三杈，共九杈。每一枝杈尾端各承托一桑叶形灯盏，盏心皆有插蜡锥。枝杈中间部分铸成圆条状，两端铸成方条状，以便与主干及灯盏相榫接。主干、枝杈、灯盏、金乌分别铸造，后用榫卯套合。主干之粗端刻有"×"形符号。十只灯盏同时点燃，火树银花，光彩夺目。

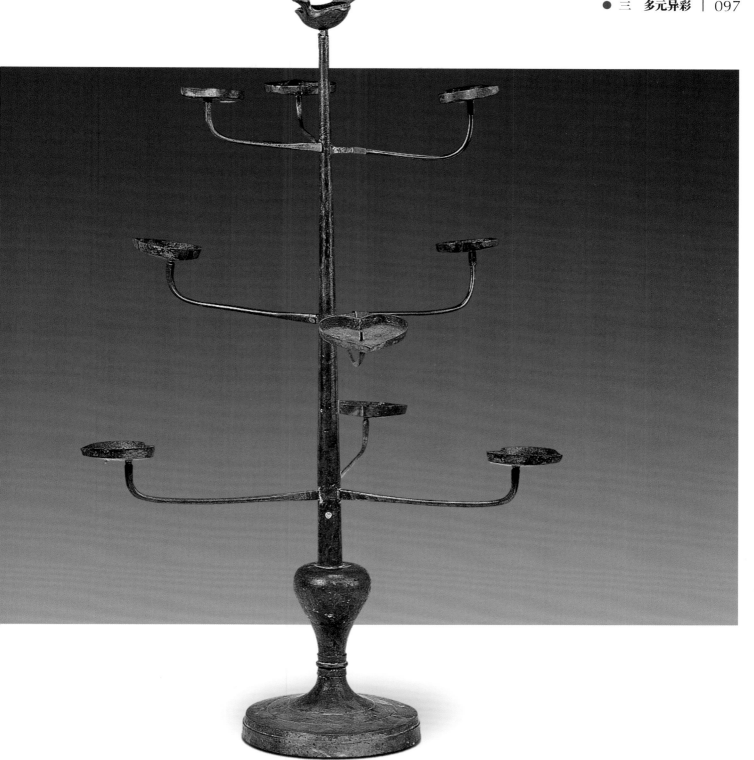

这类青铜灯似与古代扶桑树的传说有关。《山海经·海外东经》中记载："汤谷上有扶桑，十日所浴，在黑齿北。居水中，有大木，九日居下枝，一日居上枝。"此件铜灯上有金乌造型的灯盘，且九枝在下，一枝在上，正与《山海经·海外东经》所记相吻合。

谷纹高足玉杯

西汉（公元前 202—公元 8 年）

高 11.3 厘米，口径 4.5 厘米，足径 3.3 厘米

1976 年，贵县（今贵港市）罗泊湾 1 号墓出土

器呈红褐色。由一块半透明的玉雕琢而成，呈圆筒形，平口，深腹，腹下部内收成柄，小底，空心圈足外撇。口沿及下腹部刻细弦纹和勾连云纹，杯身中部满饰排列规整有序、大小均匀、凸起的谷纹。玉杯的装饰，以阴刻与阳凸交错，有较强的立体感，同时又具有较高的工艺水平。此类造型的玉杯在秦代阿房宫遗址、西汉咸阳马泉墓和西汉初期的南越王墓中均有发现。据推测，这可能是墓主生前用来承聚甘露及服用长生不老药的器具。

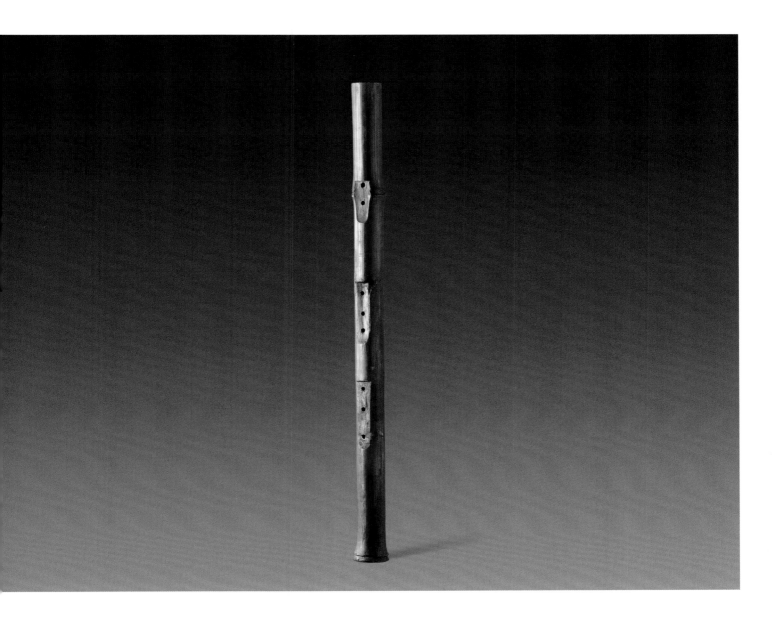

竹笛

西汉（公元前 202—公元 8 年）

长 36.3 厘米，外径 2.2 厘米，内径 1.7 厘米，孔径 0.3 厘米

1976 年，贵县（今贵港市）罗泊湾 1 号墓出土

秦汉时期已经出现了七孔竹笛。以竹制笛，有两个优点：一是竹比骨振动性好，发音清脆；二是便于加工。该笛身开有八孔，其中一孔在竹节的一端，被放置在一个名叫"胡偃"的女性殉葬者右臂侧。她生前很可能是善于吹奏竹笛的侍妾或乐妓，而为墓主人所宠爱。迄今为止，就年代及完好程度而言，这支竹笛在国内都是独一无二的。同时出土的还有铜鼓、铜钟、铜锣、革鼓等乐器，大都为岭南地区所特有。这批乐器的发现，不但为研究汉代"乐队"的乐器组合提供了宝贵的实物资料，而且也充分证明，早在汉代，中原封建社会礼乐制度就对广西边疆少数民族贵族产生了深远的影响。

"从器志"木牍

西汉（公元前 202—公元 8 年）

长 36 厘米，宽 5.7 厘米，中部厚 0.7 厘米，两端厚 0.2 厘米

1976 年，贵县（今贵港市）罗泊湾 1 号墓出土

"从器志"正面、背面共 8 栏，372 字，墨书，字体为秦汉之际通行的略带篆书笔意的隶书，与云梦秦简、马王堆汉墓简牍帛书文字相似，内容是随葬器物清单，用途与长沙马王堆 1 号西汉墓出土的"遣册"性质相同。所列器物种类繁多，既有当地产品，也有中原产品。竹木漆器在广西的酸性土壤中很难保存下来，只有在少数埋藏环境特殊的墓葬中才得以幸存。罗泊湾 1 号墓深度达 6.3 米，长年被水浸泡，椁室四周填以 5~15 厘米的青膏泥，起到了很好的密封作用，故该墓出土了大量完好的竹木漆器。

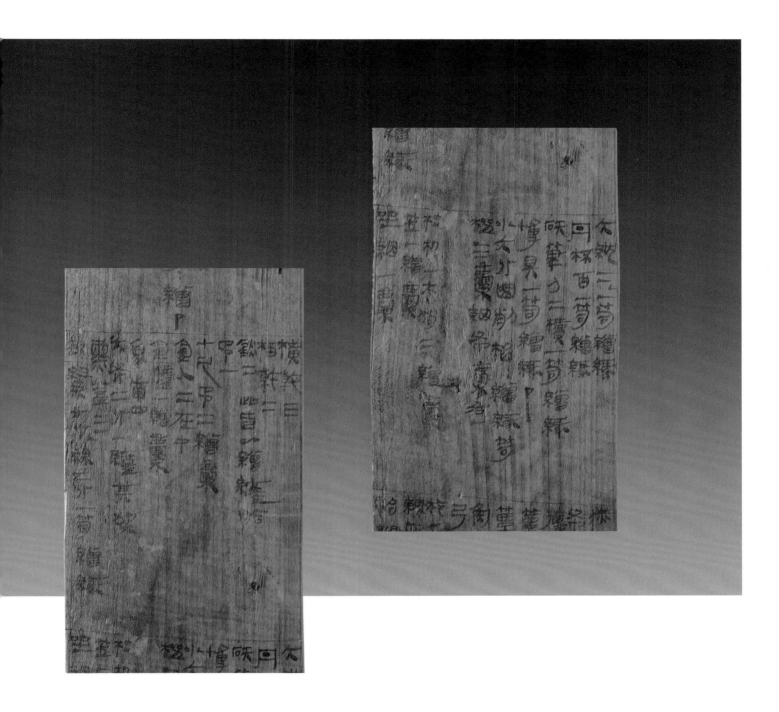

　　瓯骆人有自己的语言，但没有自己的文字。秦汉以后的墓葬中出土了许多
文字材料，但均为汉字，这说明秦统一后，汉字在瓯骆地区已得到推广和
普及。

带盖变形龙纹漆奁

西汉（公元前 202—公元 8 年）

高 7 厘米，口径 13.5 厘米

1976 年，贵县（今贵港市）罗泊湾 1 号墓出土

圆筒形，卷木胎，胎轻薄，器表髹黑漆，光滑平整，以红漆绘变形凤纹和雷纹，线条流畅，内壁髹红漆。奁为古代盛梳篦之物，有圆、椭圆等器形。

秦汉时期，轻便耐用、华丽精美的漆器成为达官显贵和地主富商们财富和身份的象征。官府设工官管理专门的漆器制造工场，生产分工极为精细，漆器制造业快速发展。罗泊湾 1 号墓是广西出土漆器数量最多，品种最全，工艺最精，保存最好的墓葬。除 3 具漆棺外，另有耳杯、盘、奁、壶、盒等生活用具，还有盾、剑鞘等少量武器。其中许多烙印有"布山""市府草"的戳记，也有部分刻有"胡""厨""康"等表明物主的标记，说明汉初的瓯骆地区已有漆器制造业，而漆器的造型、纹饰则明显继承了战国楚器的风格。

鱼水纹漆桶

西汉（公元前202—公元8年）

高29厘米，口径23.6厘米，底径23.6厘米

1976年，贵县（今贵港市）罗泊湾1号墓出土

斫木胎，直筒形，子口，有盖，平底。内髹红漆，外髹黑漆，黑漆地上用红漆绘有鸟兽纹、水波纹、勾云纹、点线纹等。

髹漆器物统称漆器，它是中国古代重要的发明之一，同时也是中国古代文物中最有特色的一类。漆具有耐酸碱、耐高温、防潮、防腐等特点，既可施于木胎，又可施于铜、陶、皮、竹等胎质，即可髹于日用器皿和家具，又可髹饰乐器和葬具。

纺织工具

西汉（公元前 202—公元 8 年）

长 16~47 厘米

1976 年，贵县（今贵港市）罗泊湾 1 号墓出土

这是墓中出土的部分纺织工具零部件，其中某些部件仍可从当今壮族使用的织锦机上找到对应。作为实证材料，它们对研究汉代瓯骆地区的纺织历史具有重要的价值。

2. 西林普驮铜鼓墓出土的文物

　　西林普驮铜鼓墓于 1972 年发现，是具有浓郁地方特色的西汉时期墓葬。墓坑呈椭圆形，上盖石板，用四面铜鼓套合作为葬具，类似内棺外椁。人骨用数以万计的绿松石珠和料珠连缀成的"珠襦"裹殓。此种葬式与夜郎地区盛行的将墓主头骨置于铜鼓内下葬的葬俗相似。墓内随葬品有铜器、铁器、玉石器 400 余件。

　　西林县在汉初为句町属地，汉武帝时设句町县。墓主人为男性，约 25 岁，可能是句町的统治者。汉昭帝始元五年（公元前 82 年），句町族首领因协助汉王朝平定叛乱有功而被封。该墓出土的部分器物带有明显的滇文化色彩，有些器物是中原汉式器物，如六博棋盘和汉式跽坐俑等。这些器物既反映了西南各族人民的创造才能，又体现了当时他们与中原地区的人们在政治、经济、文化方面的密切联系。

　　西林普驮铜鼓墓葬是一种葬式隆重的"二次葬"，以铜鼓作为葬具的"二次葬"墓，为广西首次发现。"二次葬"是原始社会曾经普遍存在的一种葬俗，其显著特征是将死者的尸骨进行两次或两次以上的埋葬。由于埋葬的一般是没有皮肉的骨骼，且多数是易地安葬，所以又有"迁骨葬""洗骨葬""捡骨葬""拾骨葬"等名称。葬具有木棺、瓮棺、石棺等。如今，居住在桂西地区的壮族仍有"二次葬"的风俗。

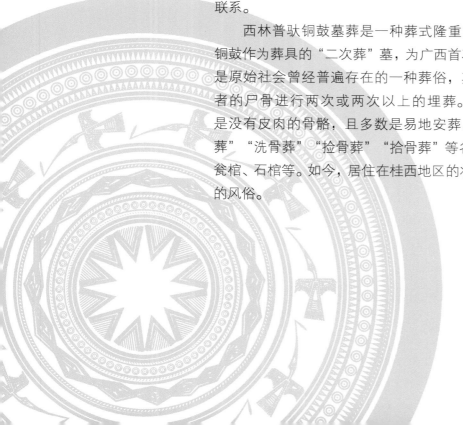

羊角钮铜钟

西汉（公元前 202—公元 8 年）

高 27 厘米，口径 17.5×12.3 厘米

1972 年，西林县普驮粮站出土

打击乐器。钟呈半截橄榄形，上小下大，钲部上端透穿长方形孔，无甬，顶端有两个外撇羊角状钮。表面光素。羊角钮铜钟是与铜鼓同时产生的一种乐器，主要流行于中国西南和越南北部地区。此地的羊角钮铜钟应是受西部滇文化的影响。

铜六博棋盘
西汉（公元前 202—公元 8 年）
高 9 厘米，盘边长 29.2~30 厘米
1972 年，西林县普驮粮站出土

近正方形，边沿下折，下附四只高足。盘面光平，有清晰的六博棋局纹。六博是战国至汉代盛行的一种游戏棋局。博弈用具主要有博局（棋盘），其上有与天文占验工具"式"相似的曲道，6 根箸，12 枚棋子。六博棋由两人玩，双方各有 6 枚棋子，其中各有 1 枚棋子叫作"枭"，相当于王；另各有 5 枚棋子叫作"散"，相当于卒。在刻有曲道的棋盘上行棋，用投箸的方式决定行棋的步数。此棋盘在地处云贵高原边缘的西林县出土，反映了中原文化向西南地区的传播与影响。

铜踞坐俑

西汉（公元前 202—公元 8 年）

高 9~9.5 厘米

1972 年，西林县普驮粮站出土

男俑，戴冠，着长袍，踞坐。共有 4 件，姿态各不相同：一俑右手举过肩，掌
心向外，左手掌贴膝；一俑双手抚膝；一俑右掌心置于膝上，左手贴膝；一俑
左掌交举于右肩前，右手抚膝。此四俑与六博棋盘相伴出土，似和下棋有关。
另一说为俳优俑，即演滑稽戏的艺人，可用以为镇，置于席的四角，以避免席
角卷折。

鎏金铜骑马俑

西汉（公元前 202—公元 8 年）

高 59 厘米，长 61 厘米

1972 年，西林县普驮粮站出土

整器由马、马鞍和骑俑三部分构成。体壮膘肥的马，昂首站立，竖起两耳，似在振鬣嘶鸣。前腿向后微缩，后腿前靠作蹬跃状，仿佛即将冲锋陷阵。马尾系单独铸造，插入臀部上方的方孔内，弯曲翘举。马背置鞍，方形。骑俑两手平举，目光前视，双腿跨在鞍上，作勒缰状。

鎏金铜面具

西汉（公元前 202—公元 8 年）

径 19.2×21.7 厘米

1972 年，西林县普驮粮站出土

铜棺饰件，挂于铜棺的四角和两侧。

3. 合浦西汉墓出土的文物

　　合浦汉墓群分布于合浦县城的东北、东南郊，南北长 12.5 千米，东西平均宽约 5.5 千米，总面积近 70 平方千米。根据以往考古勘探和发掘的经验推算，包括封土堆已消失隐蔽于地下的汉墓，总保存量有近万座。合浦汉墓群是目前国内保存较好，规模最大的汉墓群之一，对于研究汉代岭南的政治、经济、文化和海外交通具有非常重要的意义。

　　合浦地区发现的西汉墓葬较多，这与秦汉时期合浦成为对外贸易的重要港口有关。秦时合浦属象郡，汉武帝平定岭南后直接在该地设郡，郡治就设在合浦，可知其地位之重要。合浦地区发掘的西汉墓葬以望牛岭 1 号墓规模最大。这是一座西汉晚期的地方官吏墓葬。随葬品有铜器、铁器、陶器、漆器、玉石器、琉璃器和黄金器等 240 余件。其中铜器数量大、器类多，并且在造型、纹饰上具有较高的工艺水平和鲜明的地方特色。

磨镢铜俑

西汉（公元前 202—公元 8 年）

高 11 厘米，宽 10 厘米

2003 年，合浦县风门岭 26 号墓出土

此俑单腿跪坐，椎发，高鼻，右手持一镢，左手搭于其上，身体前伸，作推磨状。镢，古代刨土工具。

风门岭 26 号墓位于合浦县城南郊，于 2003 年进行发掘，出土有铜鼎、铜壶、铜盆、铜洗、铜钫、铜釜、铜勺、铜马、铜牛、铜狗、铜鸟、铜人俑、陶罐、陶提筒、陶壶、陶仓、陶灶、玉碗、银碗、金串饰、琉璃串珠、玛瑙、水晶、绿松石、琥珀、麻织物、植物种子等，其中铜器具有较浓厚的中原色彩。鼎、盒、壶、钫等礼器组合，在中原早些时期的墓葬中较为常见。从其墓葬形制和随葬物品的种类、造型、纹饰、组合来看，该墓年代属于西汉后期。

铜马

西汉（公元前 202—公元 8 年）

高 94.8 厘米，长 98.8 厘米

2003 年，合浦县风门岭 26 号墓出土

铜马分为头、身、尾、腿等七部分。各部位分别铸造，后装配而成。接处
为子母口，无卯孔。马腿与马身接口处刻有动物纹样，作为卯合的标记。
马昂首，竖耳，眼圆睁，开口龇牙，作嘶鸣状。此铜马身、腿、尾各部分
的比例与汉地马有明显区别，体形虽不大，但显得强壮有力。

铜牛

西汉（公元前 202—公元 8 年）

雄牛身长 40.5 厘米，高 27 厘米；雌牛身长 41 厘米，
高 24 厘米

2003 年，合浦县风门岭 26 号墓出土

雄、雌黄牛一对，二牛均两前腿直，两后腿略弯，作站
立状，尾斜下垂。耳部为分铸后插上，其余各部位二次
铸成。全身遍刻细三角形纹象征体毛。其中一牛为雄黄
牛，背驼峰高高耸起，显示出雄性黄牛的特征，一耳缺
失（后修复），头顶刻有旋子，鼻、嘴、眼、眉心等部
位用圆圈刻划，眉毛则用细线刻出；另一牛两角呈弧形

向上弯曲，体型矮粗似已怀孕的雌黄牛，背脊较平。
黄牛在岭南习见，瓯骆人很早就养殖黄牛，用牛耕地，
有崇拜牛的习俗。西汉时期，随着农业发展，粮食增加，
瓯骆地区开始有条件大量饲养家畜。猪、羊、牛、犬、
鸡、鸭、鹅等畜禽模型明器在汉墓中屡见不鲜，现实中
家畜家禽的数量成了当时人们拥有财富多寡的一个重要
标志。

铜狗

西汉（公元前 202—公元 8 年）

雄狗身长 16.5 厘米，高 11 厘米；雌狗身长 12.5 厘米，高 9.3 厘米

2003 年，合浦县风门岭 26 号墓出土

一雄一雌，实心。雄者双耳直竖，两前腿撑地，后腿略屈，作攻击状；尾部竖起略前卷。雌者头低垂，双耳直竖朝前，尾向上弯曲，体型略显娇小。

铜鸟

西汉（公元前 202—公元 8 年）

身长 18.3 厘米，高 13.2 厘米

2003 年，合浦县风门岭 26 号墓出土

胎质较薄，内留有泥模。状似鸽子，尖嘴有冠，尾上翘。通体
錾刻羽毛，纹饰细腻，形态栩栩如生。

提梁铜壶

西汉（公元前 202—公元 8 年）

高 37.4 厘米，腹径 17.8 厘米，口径 10.6 厘米，足径 14.6 厘米

2003 年，合浦县风门岭 26 号墓出土

盛酒器。束颈，圆腹，高圈足。盖外两侧铸有圆钮，钮上各套一环。腹部
两侧亦各有一铺首衔环，环套链索穿过盖侧圆环，与璜形提梁相连，提梁
两端作龙首衔环状。

铜扁壶

西汉（公元前 202—公元 8 年）

高 11.6 厘米，宽 3.5 厘米，口径 4.4 厘米，底长 7.1 厘米

2003 年，合浦县风门岭 26 号墓出土

盛酒器。圆口，扁圆身，方圈足略外撇。盖中心有环钮，颈部有两立环钮，上系可活动的环套链，以连接龙首提梁。盖钮系链索，分两股与提梁链相连。足、口沿外侧及腹侧刻饰三角形纹。

凸弦纹铜鐎壶

西汉（公元前 202—公元 8 年）

高 19.2 厘米，口径 8.5 厘米，柄长 7.2 厘米

1971 年，合浦县望牛岭 1 号墓出土

温酒器。器身呈壶形，圆口，束颈，扁圆腹，平底，三蹄足。腹部饰一周凸弦纹。腹侧有长柄，柄扁平，中空，柄端有一小圆孔。

錾刻花纹铜器

錾刻花纹铜器流行于西汉中期至东汉晚期的岭南地区。这种錾刻花纹工艺多施于薄胎青铜器上，即在铸造的铜器外表，用坚硬而精细的金属工具，錾凿和镂刻出繁缛精致的花纹。纹饰大体可分为两类：一类是抽象性的几何形图案，常见的有锯齿纹、菱形回纹、勾连S纹、网纹、叶脉纹、四叶纹、菱形锦纹和羽壮锦纹等；一类是写实性的动植物图案，主要是龙、凤、鹿、虎、猴、鱼、虫、花树等。这类铜器包括盛食器、饮食器、熏炉、灯具等，在器型及纹饰上既具有中原风格，又有着浓郁的地方特色，反映出汉越文化的交流和融合，是岭南工匠对中国青铜工艺的重大贡献。

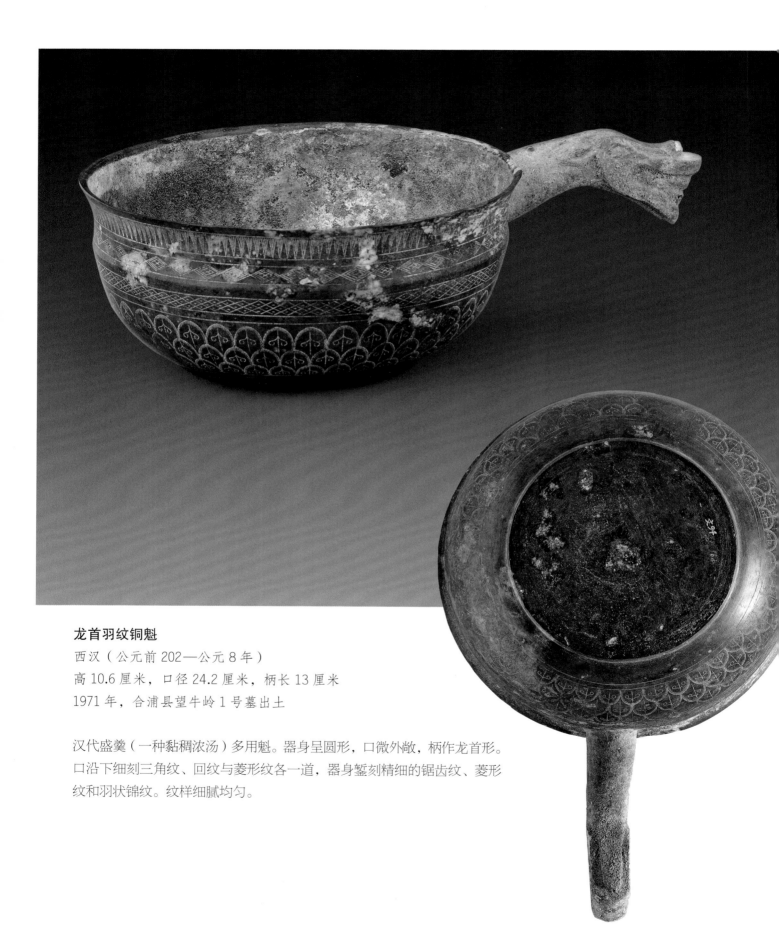

龙首羽纹铜魁

西汉（公元前202—公元8年）

高10.6厘米，口径24.2厘米，柄长13厘米

1971年，合浦县望牛岭1号墓出土

汉代盛羹（一种黏稠浓汤）多用魁。器身呈圆形，口微外敞，柄作龙首形。口沿下细刻三角纹、回纹与菱形纹各一道，器身錾刻精细的锯齿纹、菱形纹和羽状锦纹。纹样细腻均匀。

跪俑足铜盘

西汉（公元前202—公元8年）

高 8 厘米，口径 33.1 厘米

1971 年，合浦县望牛岭 1 号墓出土

圆形，浅腹，平底，底下有三俑足。盘内细刻四叶间二鹿二凤纹，外围饰以双重菱形纹，在两重菱形纹之间填饰菱形锦纹。腹内壁刻锯齿纹，口沿刻菱形回纹带。三足作人俑状，张口睁目，弯腰缩颈，双腿半蹲，以头和手将盘托起。此器用来承放杯、盘、酒樽等。

羽纹铜凤灯

西汉（公元前 202—公元 8 年）

高 33 厘米，长 42 厘米，宽 15 厘米

1971 年，合浦县望牛岭 1 号墓出土

灯作凤鸟形，顾首回望，双足分立，尾羽下垂及地。足与尾形成鼎立之势以支撑灯身。头、冠、颈、翅、尾、足，各部位轮廓清晰，比例匀称。通体细刻羽毛，精致美观。凤鸟背部有一圆孔，用以放置长柄灯盏。凤鸟口内衔喇叭形灯罩，垂直对准灯盏蜡锥柱上方。凤鸟颈部由两段套管衔接，可以自由转动和拆卸，便于调节灯光和冲洗体内烟尘。灯罩与颈部及腹腔相通，腹腔中空，可以贮水。当灯盏中的蜡烛点燃时，烟灰经灯罩进入颈管，再由颈管导入腹腔，最后溶于水中。这种设计构思精巧，造型优美，既可以用于照明，又可以防止烛烟污染空气，保持室内的清洁卫生。它是广西出土的西汉铜器中的精品，广西壮族自治区博物馆的馆徽便是以其为原型设计的。

悬山顶干栏式铜仓

西汉（公元前 202—公元 8 年）

高 37.3 厘米，长 79.3 厘米，宽 42.7 厘米

1971 年，合浦县望牛岭 1 号墓出土

干栏式建筑。平面呈长方形，位于一个平台之上。下设八根柱子，将整座建筑顶离地面。悬山顶，中间有瓦脊，瓦脊前后各铸有对称的十二行瓦垄，均作瓦板状，瓦片铸刻清晰。屋檐伸出前壁 10 厘米，伸出后壁 4.5 厘米。房屋前面正中设有双扇门，均有门环，可以闭合启动，并设有门槛。门前有走廊，围杆为二横一竖式。屋外四壁均有"十"字阴纹装饰。

干栏式建筑是由远古人类巢居发展变化而来的，是瓯骆故地主要的建筑形式。这种建筑多依山而建，用木梁柱做底架，再在底架上建造房屋，楼上住人或藏物，楼下圈养牲畜或贮存农具等物件。它适应于南方潮湿多雨、地势不平的自然环境，具有防潮、防兽、防盗、利于通风采光和节约用地的优点。

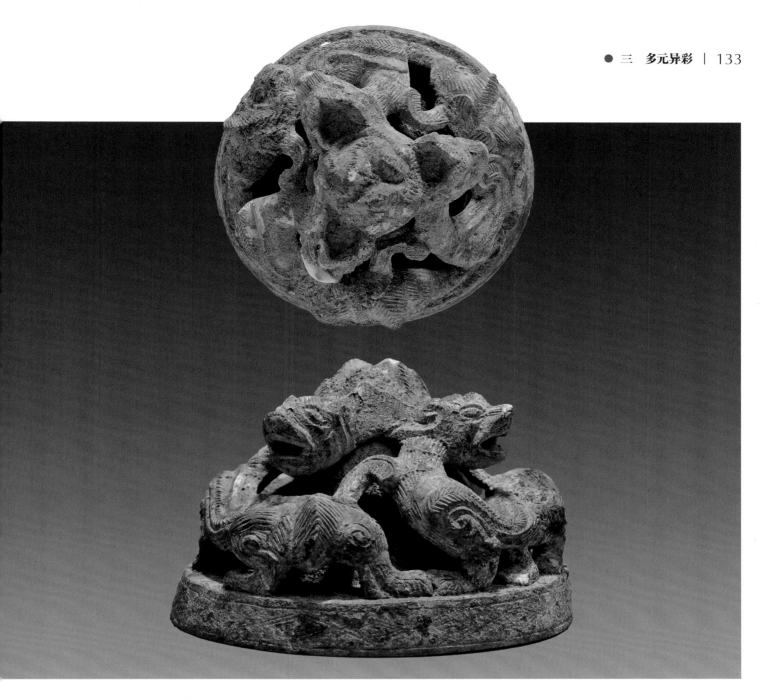

三兽铜镇

西汉（公元前202—公元8年）

高5.5厘米，底径7.4厘米

1971年，合浦县望牛岭1号墓出土

平底圆座，上部镂空，中间一山峰耸立，周围三兽环立，三兽均昂首张口，
通身细刻须毛，其状雄猛。镇是古人为避免席角卷起而放置在席子四角的
器物，有铜质和石质之分，常作动物状，每套一般有四枚。

悬山顶陶仓

西汉（公元前202—公元8年）

底长45厘米，宽28.3厘米，檐长50厘米，宽34厘米

1975年，合浦县环城堂排4号墓出土

正面呈长方形。悬山式瓦顶，五脊两坡，前有回廊。前墙并排开设二门，其余三墙均封闭，并在外墙刻划仿木构架纹。

带圈陶屋

西汉（公元前 202—公元 8 年）

高 34 厘米，底长 28.5 厘米，底宽 22 厘米

1971 年，合浦县望牛岭 1 号墓出土

干栏式建筑。上屋下圈。屋呈曲尺形，悬山式瓦顶，顶饰瓦垄。单间，四壁有仿木构划纹。门一扇向内半掩，门后地板上设一方孔，为厕所。楼下曲尺露天的一角用矮墙围起，作为猪圈。圈内有五只肥猪，均作觅食状。墙根有小窦，供猪出入。

4. 其他汉墓出土的文物

西汉时期，瓯骆地区的实用陶器仍旧保留较浓郁的地方特色，纹饰主要有拍印几何纹、刻划水波纹、绚纹、羽纹和锥刺篦纹等。西汉后期，在中原文化影响下，出现了一些新的器型和井、灶、仓、楼舍等模型明器。

"孱陵"铭铜矛

秦（公元前 221—前 206 年）

长 15.3 厘米，銎径 3 厘米，刃宽 3.3 厘米

1974 年，平乐县银山岭采集

兵器。銎上阴刻"孱陵"二字。类似的铜矛在秦都咸阳故城和秦始皇陵俑坑也有出土，应是秦代兵器。孱陵，地名，在今湖北省公安县南面。

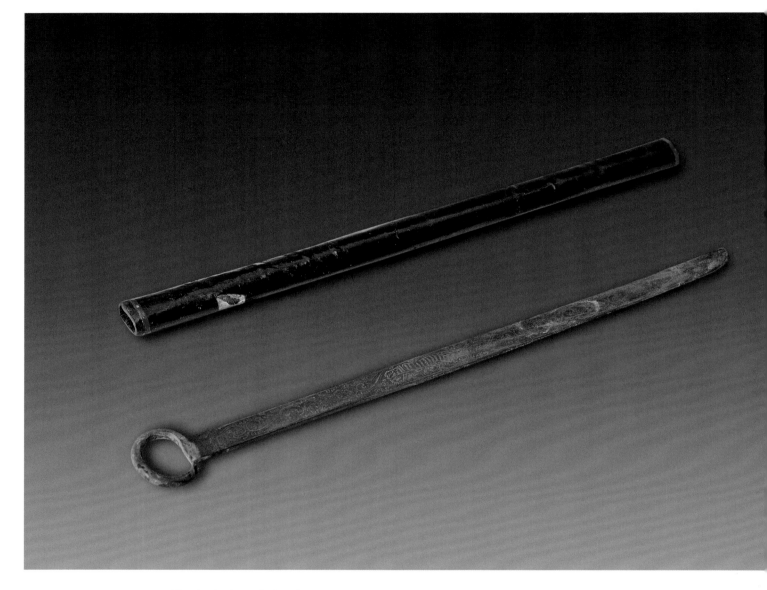

错红铜龙虎纹漆鞘铜削

西汉（公元前 202—公元 8 年）

长 24 厘米，刃宽 1.2 厘米

1980 年，贵县（今贵港市）风流岭 31 号墓出土

削配有漆鞘。削首呈环状，扁圆，与削身连铸。削身两面均饰勾云纹，近把处一面饰虎纹，另一面饰龙纹。纹饰均为极精细的阳纹。刃部呈楔形，较为锋利。鞘髹黑漆，鞘口处饰一道朱漆弦纹。削为工具。《礼记·曲礼·金工》疏曰："削，书刀也。"由此可见，东周和秦汉时用削来除去书写在木牍或竹简上的错字。

铜跽俑

西汉（公元前 202—公元 8 年）

高 39 厘米，两脚间宽 15 厘米

1980 年，贵县（今贵港市）风流岭 31 号墓出土

俑造型为一络须老者。戴冠，身着长袍，披甲。高鼻、深目，两眼正视，面目端庄朴实。双腿跽坐，双手半握置于胸前，似原有物。袍、甲上残留有涂朱痕迹。此俑出自车马坑，坑内同时出土的还有大铜马、车马饰等。从俑的形态看，为一跽坐车上手握缰绳驾驭马车的老者。

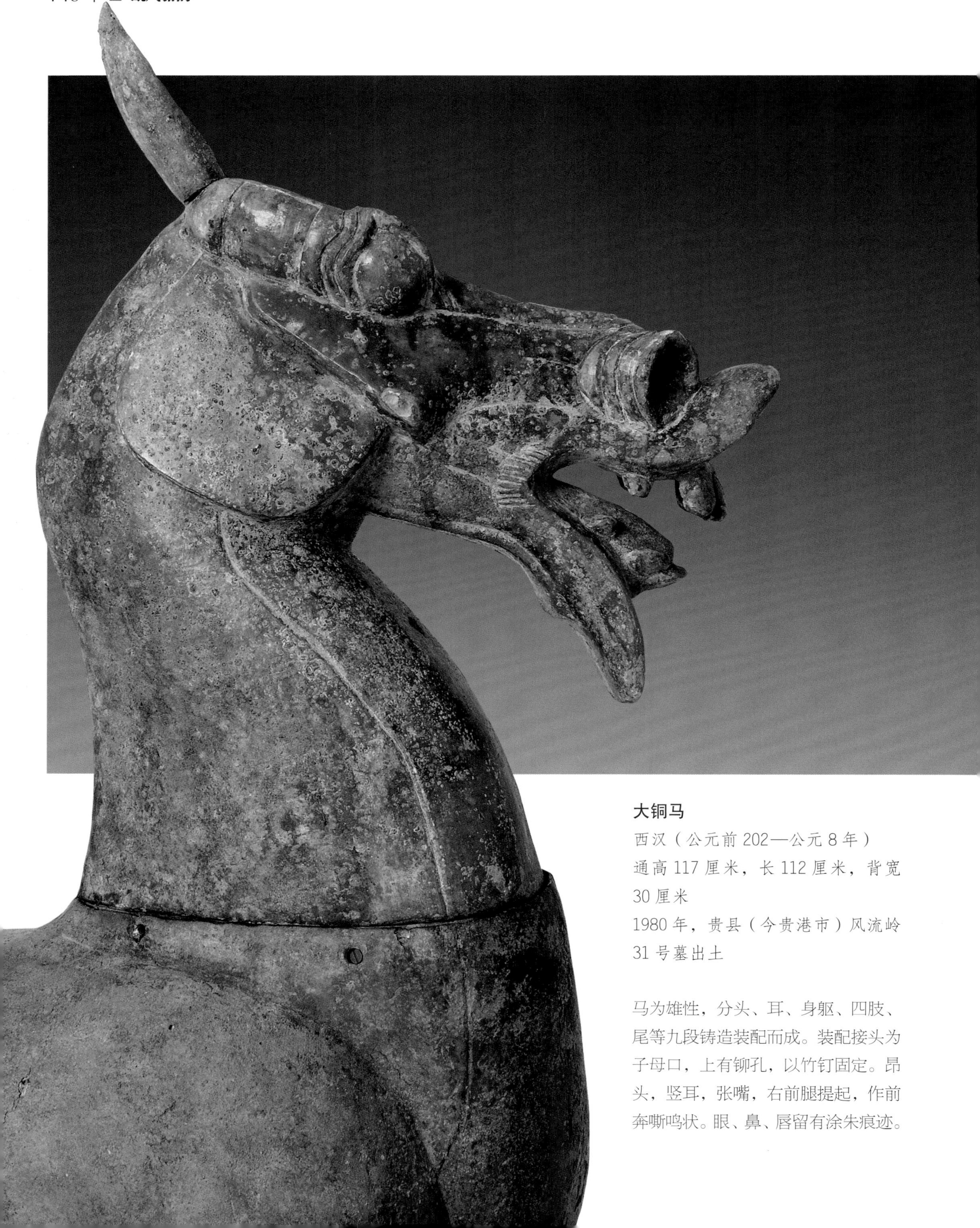

大铜马

西汉（公元前 202—公元 8 年）

通高 117 厘米，长 112 厘米，背宽 30 厘米

1980 年，贵县（今贵港市）风流岭 31 号墓出土

马为雄性，分头、耳、身躯、四肢、尾等九段铸造装配而成。装配接头为子母口，上有铆孔，以竹钉固定。昂头，竖耳，张嘴，右前腿提起，作前奔嘶鸣状。眼、鼻、唇留有涂朱痕迹。

凤首流铜盉

西汉（公元前 202—公元 8 年）

高 13.6 厘米，盖径 8 厘米，足高 6 厘米

1955 年，贵县（今贵港市）火车站 23 号墓出土

温酒器。子口合盖，圆腹，圜底，三足。流作凤首形，腹侧有一长柄。

"食官"铭铜鼎

西汉（公元前 202—公元 8 年）

高 17.8 厘米，口径 16.2 厘米

1955 年，贵县（今贵港市）火车站 20 号墓出土

汉式鼎，炊具。盖上有三环钮，长方形附耳，圆腹，圜底，下腹部有三个马蹄形足。腹外壁有凸棱一周。盖面錾刻"藏""共"等字，正面上腹部刻"慎""重十斤十两容一斗三升""甲"铭，另一面近耳的一侧刻"食官""一斗三升""十斤六两"铭。慎，地名，汉置县，在今河南省境内。食官令，西汉置，主管皇后宫室饮食事务。

龙首三眼陶灶

西汉（公元前 202—公元 8 年）

高 15.5 厘米，长 39.5 厘米，宽 13 厘米

1956 年，贵县（今贵港市）南斗村 1 号墓出土

红陶质，呈长方形。灶上三眼置三釜，前有火门，后壁设龙首形烟囱。

伞形罩陶熏炉

西汉（公元前 202—公元 8 年）

高 14 厘米，口径 9 厘米，底径 7.2 厘米

1956 年，贵县（今贵港市）粮食仓库 15 号墓出土

球形，子母口，伞状盖，柱状直柄，圈足。盖顶端塑鸟形钮，钮外围饰三角纹，中部镂有二十五个梯形长条孔，边缘饰方格纹，并且镂有四个对称的凸字形孔。腹部近口沿处饰一周弦纹，器壁饰竖行戳印纹和五个等距的小圆孔。

熏炉为燃香之器，有熏香、洁室、净衣之用。我国室内熏香的习俗最早出现于战国时期。

米字纹方格纹陶瓮

西汉（公元前 202—公元 8 年）

高 33.5 厘米，口径 24.4 厘米，底径 23.3 厘米

1955 年，贵县（今贵港市）火车站 19 号墓出土

侈口，短颈，鼓腹，平底。器身饰米字纹和方格纹。瓯骆人使用的陶器，其表面大多压印有方格纹、米字纹、水波纹等，学术界称之为几何印纹陶器，而北方地区则主要使用彩陶、黑陶等，这是两地之间的区别之处。

"万石"铭双耳陶钫

西汉（公元前202—公元8年）

高35.5厘米，口径9厘米，底径12厘米

1955年，贵县（今贵港市）火车站69号墓出土

方口，弧腹，平底，圈足。上腹部置一对半环耳，足部有一孔，与半环耳
相对应。肩部四面均印篆书"万石"铭。"石"为容量单位，相当于10斗。
"万石"也代表官阶，汉代官秩的最高级——三公，号称"万石"，月俸
为350斛谷。此处的"万石"，寓指享用不尽之意。

钫为古代盛酒器具，一般用青铜制成，最早见于战国中晚期，西汉中期以
后，铜钫一般不再出现。铜钫也是礼器，鼎盒壶钫为中原典型的礼器组合。

刻花干栏式陶屋

西汉（公元前 202—公元 8 年）

高 22 厘米，底长 21.8 厘米，宽 18.5 厘米

1954 年，贵县（今贵港市）火车站 11 号墓出土

陶屋灰白胎，通体施酱褐色釉。屋平面近正方形，悬山式瓦顶，上刻划瓦垄。分为上、下两层，上层是居室，下层用以圈养牲畜及堆放杂物。上层前部架单间屋，偏左设一门，门右上部镂直棂窗，下部刻划菱形纹；两侧山墙刻划柱、梁和斗拱纹；后墙一侧镂长方形窗，另一侧镂直棂窗。下层为长方形底座，后壁设一个圆孔，供牲畜出入。

方形合院式庑殿顶陶楼

西汉（公元前 202—公元 8 年）

高 31.5 厘米，进深 24.5 厘米，面阔 24.5 厘米

1974 年，平乐县银山岭 124 号墓出土

平面呈方形，悬山式瓦顶，四合式庑殿顶重楼。前屋及左右两厢为平房，后间为二层四脊顶楼房，底层为两面坡瓦顶，二层为方形庑殿顶。前墙正面开一门，门左右两侧分别镂直棂窗和菱形窗。屋内塑一狗。左厢外墙封闭，右厢外墙开一门，门上方镂直棂窗，屋内有一人双手持杵，杵下端为一圆形器物。天井旁边站立一人。后楼底屋背面设一方形门。楼上右、后两面开窗，各有一人探头窗外，窗前露台上各有戴冠的两人对拜。四壁均刻划仿木构架纹，右后墙刻划一立马。

汉武帝平定南越后，瓯骆地区受汉文化的影响更深，民居建筑多采用穿斗式结构；已普遍应用斗拱；屋顶有悬山、庑殿、捲棚、单披、四角攒尖等形式；窗有槛窗、横披窗、支摘窗等形式；建筑的主材料为木料，已使用瓦做屋面。

四　交流与融合

　　自汉武帝在合浦设郡，合浦成为汉代海上丝绸之路的始发港后，瓯骆地区与东南亚、南亚地区的贸易往来逐渐增多。到东汉时期，瓯骆地区的海外贸易得到进一步发展。几十年来，众多的考古发现印证了这一历史，还原了汉代合浦经济文化的繁荣景象，侧面反映了汉朝对外贸易繁荣兴盛的局面。

　　东汉时期，在广西墓葬的随葬品中，形制独特的越式器已不常见，而专门用于陪葬的明器数量剧增，尤其是象征庄园经济生活的陶井、陶灶、陶仓、陶圈及陶猪、陶狗、陶牛、陶羊等器物的大量出现，反映了当时的厚葬风气和封建庄园经济的发展。从出土文物看，此时瓯骆地区的文化风貌与中原汉文化已基本趋于一致。

　　东汉以后，瓯骆的称谓不复再现。但是这一时期西瓯、骆越人的传统重器——铜鼓仍旧传承下来，并在形成滇桂系统和两广系统的基础上进一步融合与发展，反映了当时我国多民族地区文化的丰富多彩。

1. 海上丝绸之路的文物

据《汉书·地理志》记载，合浦自汉武帝元鼎六年（公元前111年）设郡后，即成为汉王朝同东南亚、南亚各国往来以及进行贸易的重要港口。它既是汉代海上丝绸之路的始发港之一，也是陆上丝绸之路与海上丝绸之路的重要连接点。

合浦是我国海上丝绸之路文物分布最集中、数量最多、种类最丰富的地区。合浦汉墓出土了大量的琉璃、琥珀、玛瑙、水晶、金花球等珠饰，以及胡人俑座陶灯、波斯陶壶、铜钹等。初步的考古学与科技研究表明，珠饰中的玻璃、石榴子石、琥珀、水晶、绿柱石、玛瑙、肉红石髓、蚀刻石髓和金器，器皿中的玻璃杯和碗，还有香料以及作为非贸易品的波斯陶壶和铜钹，多来自东南亚、南亚、中亚、西亚及地中海地区，而汉使团携带前往的黄金，很可能就是望牛岭1号墓出土的同类金饼。这些文物是合浦作为汉代海上丝绸之路始发港的重要物证，反映了汉代海上贸易和合浦港繁荣的盛况。

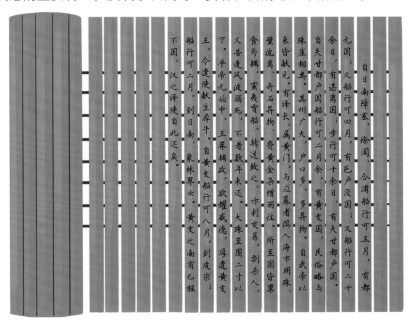

《汉书·地理志》

注："日南"，位于今越南中部的广平省至富安河一带；"都元"，位于今印度尼西亚苏门答腊岛东北部；"邑卢没"的中心位于今泰国中西部的北碧府和素攀府之间；"谌离"，位于今泰国克拉地峡东侧春蓬府境内；"夫甘都卢"，位于今泰国克拉地峡西侧拉廊府境内；"黄支"，位于今印度东南部的泰米纳德邦附近；"已程不"即今斯里兰卡，回程的"皮宗"，位于今马来西亚的柔佛及新加坡一带。

"九真府"铭陶提筒

西汉（公元前 202—公元 8 年）

高 32 厘米，口径 21 厘米

1971 年，合浦县望牛岭 1 号墓出土

器身呈圆筒形。子口合盖，盖上置双片钮，器身两侧有耳。盖面饰四周弦
纹及锥刺纹，腹部饰两周凹弦纹。平底，内凹圈足，足间有对称的穿孔。
器内壁有朱书隶体"九真府"三字。汉代九真郡在今越南清化省，西汉时
有 35000 多户，166000 多人。因陶提筒上有"九真府"铭文，故有学者认
为墓主人可能是曾任九真郡的郡守或其亲属。

弦纹玻璃杯

西汉（公元前 202—公元 8 年）

高 5 厘米，口径 7.3 厘米，底径 4 厘米

1987 年，合浦县文昌塔 70 号墓出土

在汉代，玻璃因其色彩美丽、数量稀少而成为贵族享用的奢侈品。据粗略统计，在未被破坏殆尽的合浦汉墓中，有约 100 座出土了玻璃器，主要有装饰品和器皿两类，其中以装饰品为最多，单座墓葬出土往往达数百到数千件，有棱柱形饰、耳珰、环、璧、剑扣等。器皿类器型较少，仅见杯和盘两种。属丧葬用品的鼻塞和作镶嵌之用的小圆片，也偶有发现。合浦玻璃器来源广泛，据中国科学院上海光学精密机械研究所抽样分析与考古学研究，主要来自四个区域：一是中原地区或本地自制，属铅钡玻璃和铅玻璃；二是东南亚地区，属低铝钾玻璃；三是南亚地区，属中等钙铝钾玻璃；四是地中海地区，属钠钙玻璃。此杯的颜色和透明度与其他蓝色调的玻璃杯有明显区别，化学成分也与其他玻璃杯不同，属中等钙铝钾玻璃，可能是从印度输入的。

罗马玻璃碗

西汉（公元前 202—公元 8 年）

高 4.9 厘米，口径 8 厘米，底径 3.9 厘米

1987 年，合浦县文昌塔汉墓出土

通体呈黄褐色，有状似叶片的褐色花纹偏于半部。敞口，沿下有两周凹弦纹，平底。其颜色、大小、外形与日本美秀博物馆珍藏的标注为"东地中海地域，公元前 2 世纪至公元前 1 世纪"的一件碗十分相似。此外，该碗与宾夕法尼亚大学博物馆珍藏的一件塞浦路斯 1963 年出土，年代属古希腊罗马的古典时期（公元前 5 世纪至公元前 4 世纪中叶）的玻璃碗也高度相似。文昌塔所出的玻璃碗，虽未经检测，但从其他发现，特别是塞浦路斯的早期发现来看，其来自地中海地区，后经辗转输入是有可能的。

弦纹深蓝色玻璃杯

西汉晚期（公元前 48—公元 8 年）

高 6.8 厘米，口径 9.2 厘米

1988 年，合浦县红岭头 34 号墓出土

深蓝色，半透明，凸唇沿，敛口，深腹，圜底。腹部饰三道凸弦纹。器壁从口沿往底部逐渐增厚，外壁有制作时造成的细浅旋转摩擦痕迹。底部光滑，无磨损痕迹。

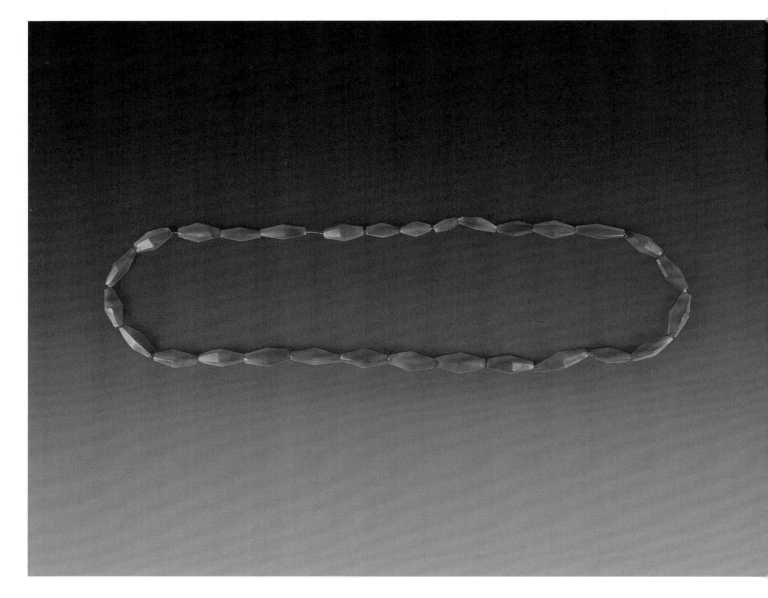

六棱橄榄形红玛瑙串珠

西汉（公元前 202—公元 8 年）

最长者 2.6 厘米

1975 年，合浦县堂排出土

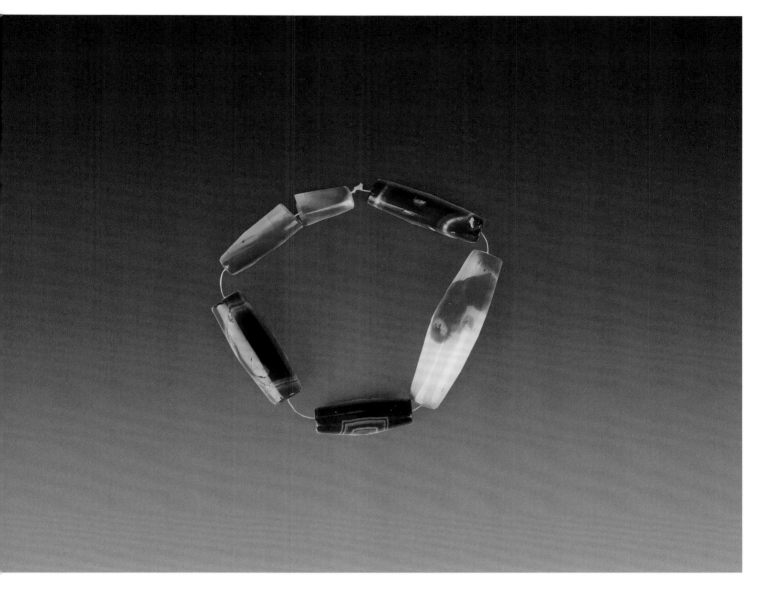

橄榄形红花玛瑙串珠

西汉（公元前 202—公元 8 年）

最长者 2.1 厘米

1975 年，合浦县堂排出土

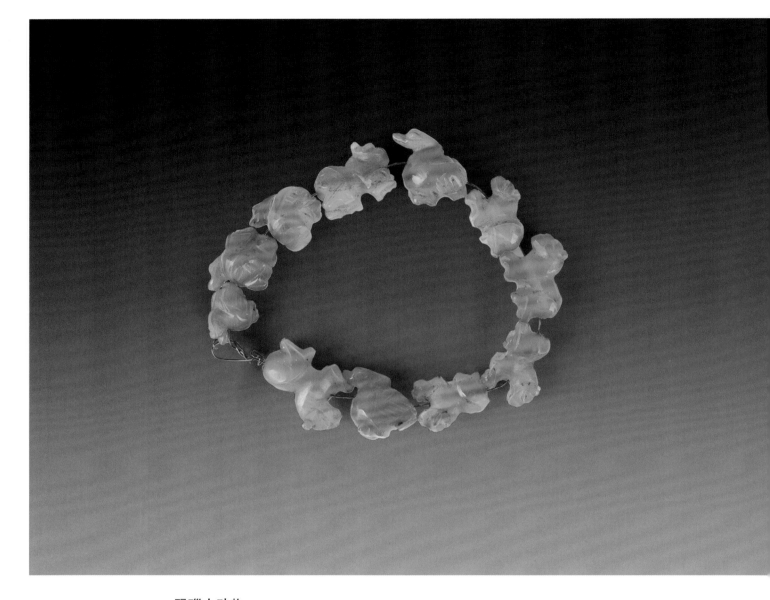

玛瑙小动物

西汉（公元前 202—公元 8 年）
最高者 1.3 厘米，最长者 1 厘米
1975 年，合浦县堂排 2 号墓出土

玛瑙是胶体矿物，其主要成分为二氧化硅。魏文帝的《马脑勒赋》云："马脑，玉属也，出自西域。文理交错，有似马脑，故其方人因以名之。"《三国志·魏书》、《旧唐书·拂菻传》和《岭外代答》等史籍亦记载西方的罗马帝国和南亚一些古国产玛瑙。我国古代见于史籍的玛瑙产地不多，所以人们往往把珍珠、玛瑙并列为"珠宝"。合浦本地并不出产玛瑙，但合浦汉墓却出土了大量的玛瑙配饰。这些制作精美的玛瑙配饰，从一个侧面反映了汉朝海外贸易的兴盛。

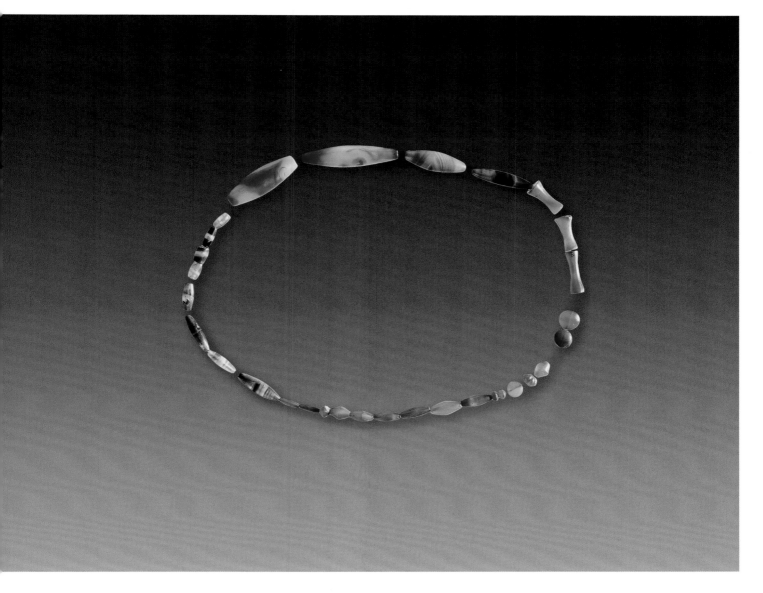

红玛瑙、花玛瑙串饰

西汉晚期（公元前 48—公元 8 年）

最大者长 5.5 厘米，最小者长 0.4 厘米

1978 年，合浦县北插江盐堆 1 号墓出土

串珠 31 粒，形状各异，有圆榄形、多面榄形、亚腰形、扁圆形、双锥形等。颜色多样，有红色、红白或红紫相间，还有一些褐白相间的缠丝玛瑙，色泽鲜丽，表面碾磨光洁，半透明。

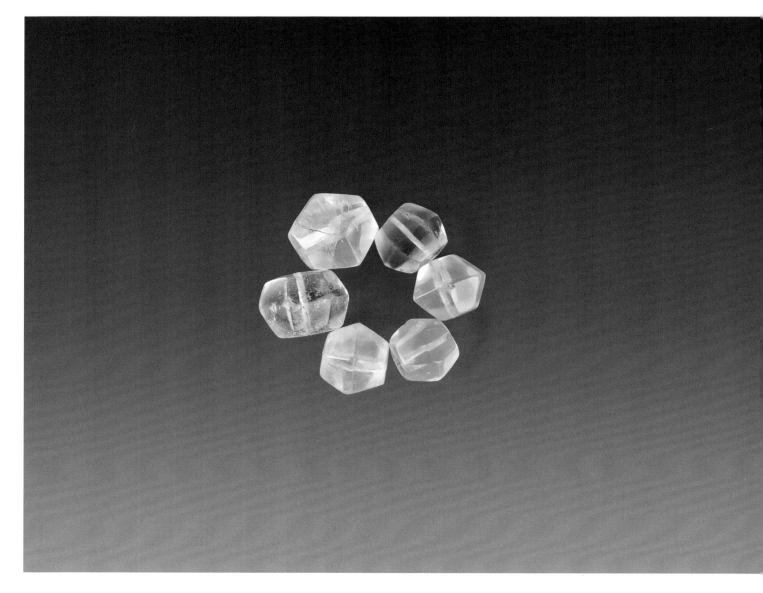

六方形水晶串珠

西汉（公元前 202—公元 8 年）

最大者高 1.8 厘米，最小者高 1.2 厘米

1971 年，合浦县望牛岭 1 号墓出土

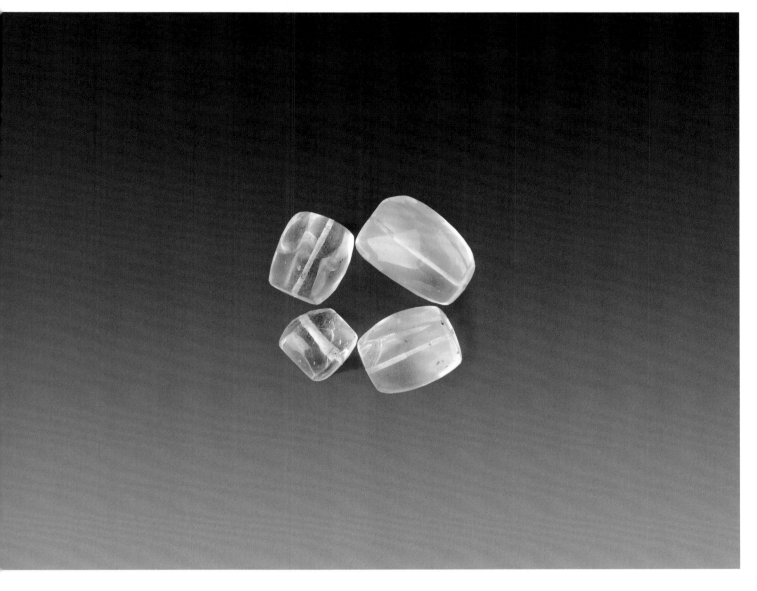

扁圆形水晶串珠

西汉（公元前 202—公元 8 年）

1975 年，合浦县堂排出土

六棱柱形水晶穿坠

西汉（公元前 202—公元 8 年）

长 3.9 厘米

1971 年，合浦县望牛岭 1 号墓出土

此坠制作规整，打磨光洁，中间有穿孔，为此类水晶穿坠中个体最大者。

蝉形水晶坠

西汉（公元前 202—公元 8 年）

长 7.3 厘米，宽 3.3 厘米

1971 年，合浦县望牛岭 1 号墓出土

此类蝉的雕刻极为抽象，以简练的线条象征性地刻划出蝉的口、鼻、翅膀以及腿部，这种技法俗称"汉八刀"。 该水晶坠是迄今为止广西发现的最大的一颗。

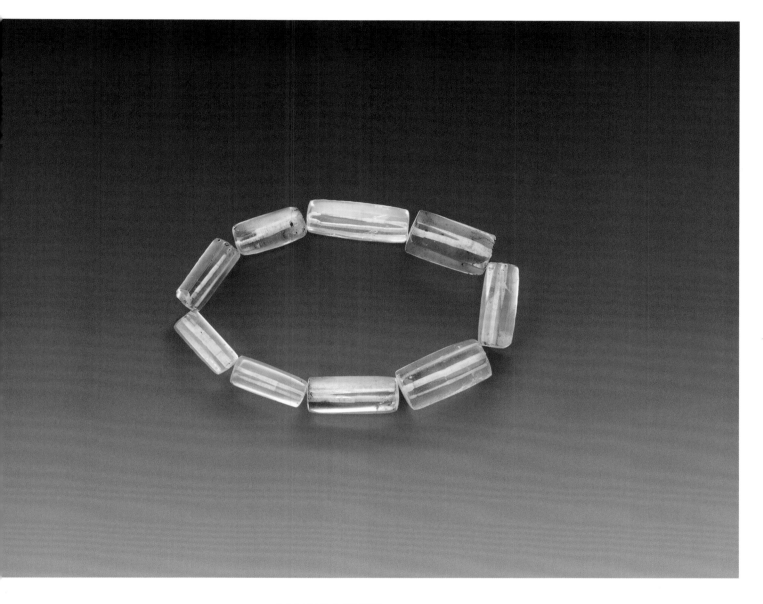

六棱柱形水晶串珠

西汉（公元前 202—公元 8 年）

最长者 2.4 厘米

1975 年，合浦县堂排 2 号墓出土

"阮"铭金饼

西汉（公元前 202—公元 8 年）

直径 6.5 厘米，重 244.9 克

1971 年，合浦县望牛岭 1 号墓出土

圆形，正面凹陷，背面隆起，粗糙面刻一"阮"字，"阮"字上方又细刻"位"字。"阮"应为墓主人姓氏。西汉中叶开始出现的"金饼"，可分为圆形金饼和蹄形金饼两大类。圆形金饼，属于使用流通型，也可用于贡祭，其特点是便于叠摞、携带和储藏；蹄形金饼，为贡祭摆设型。黄金在西汉时期不仅用于帝王给臣民的赏赐，还用于对外贸易货币支付。大型金饼重约 250 克，相当于当时的一斤。这件"阮"铭金饼重 244.9 克，为大型金饼。这类金饼方便携带，或是《汉书》记载所指的"黄金"之属。

"大"铭金饼

西汉（公元前 202—公元 8 年）

直径 6.5 厘米，重 246.7 克

1971 年，合浦县望牛岭 1 号墓出土

正面凹陷，刻有一"大"字，"大"字下方再细刻"太史"二字；背面稍隆起，比较粗糙。
因其与"阮"铭金饼同出于墓主人身边，故有学者将其铭文连读为"阮太史"，并据此推测
墓主人是当时合浦郡郡守一级的官员。

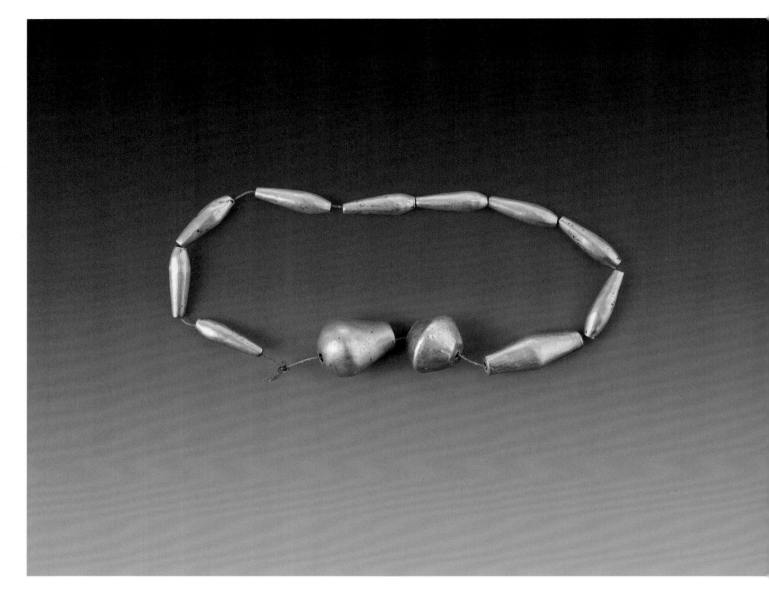

金串饰
西汉（公元前202—公元8年）
长0.7~1.2厘米，最重者6.5克
1971年，合浦县望牛岭1号墓出土

榄形、缠花球形金串饰

西汉晚期（公元前 48—公元 8 年）

1978 年，合浦县北插江 1 号墓出土

共20粒。金串饰上的饰物形态多样，有榄形、葫芦形、扁圆形及镂空花球形。
器表金光闪闪，工艺制作异常精致。其中的镂空花球形饰物的焊接工艺源
自西方，具有古希腊风格。

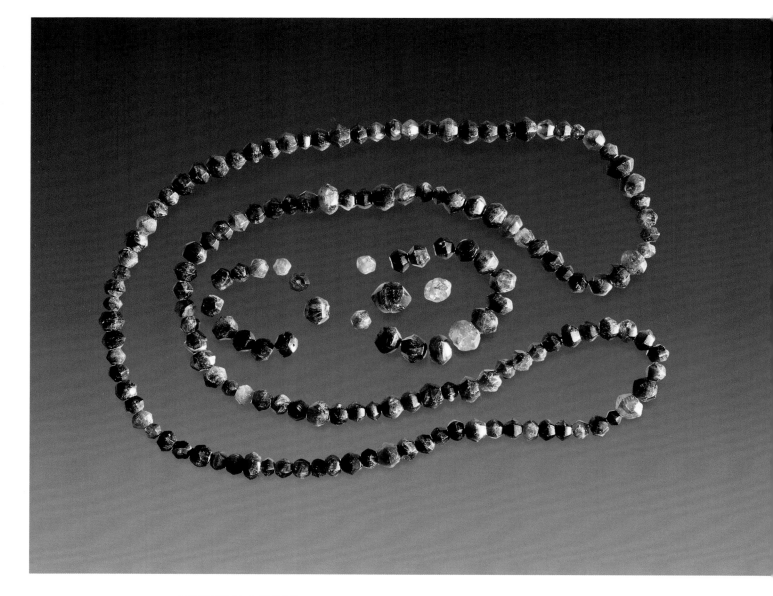

多面体紫色水晶串珠

东汉早期（公元 25—88 年）

最大者直径 2.5 厘米，最小者直径 1.2 厘米

1990 年，合浦县黄泥岗 1 号墓出土

串珠 163 粒，为多面体形状，以十四面体为主，部分为十六面体，其中多为深紫色，少数为浅紫色。大小不等，表面碾磨光滑，呈半透明或透明，熠熠生辉，为合浦汉代文化博物馆馆藏水晶之精品。

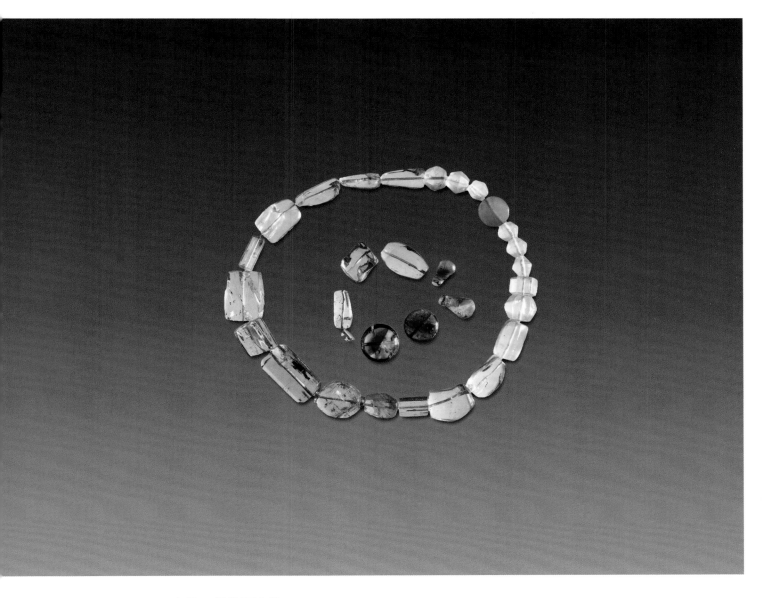

水晶、绿柱石串饰

东汉早期（公元 25—88 年）

最大者长 2.5 厘米、宽 1.5 厘米、厚 1 厘米，最小者直径 0.8 厘米

1990 年，合浦县黄泥岗 1 号墓出土

串饰 31 粒，原定名为水晶，后经中国科学院上海光学精密机械研究所李青会博士检测，发现多数为绿柱石种类，来自南亚。现确定水晶 13 粒，其中紫色 4 粒，圆扁形、水滴形各 2 粒；白色 9 粒，以十四面棱柱体形为主。绿柱石 17 粒，尤为珍贵。其中海蓝宝石 8 粒，透绿宝石 6 粒，绿宝石 2 粒，金绿宝石 1 粒，多为不规则形，均有穿孔。另有一粒黄色圆扁形的为黄玉髓。

粉红色琉璃串珠

汉（公元前 202—公元 220 年）

1976 年，合浦县罐头厂 12 号墓出土

串珠 26 粒，粉红色，圆形，大小均匀，表面颜色鲜艳，
半透明，制作精美，同时期国内未发现类似的颜色。经
测试分析其为高铅玻璃器物，可能来自印度。

橘红色圆形玛瑙串珠

汉（公元前 202—公元 220 年）

最大者直径 0.6 厘米，最小者直径 0.3 厘米

1986 年，合浦县第二麻纺厂南墓（土坑）出土

金饰件

东汉（公元 25—220 年）

左上：十二面金珠，直径 0.4 厘米

右上：扁圆形金珠，厚 0.8 厘米，直径 1.2 厘米

左下：榄形嵌花金珠，长 1.9 厘米，最大径 1 厘米

右下：十二面金珠，直径 1.7 厘米

2001 年，合浦县九只岭出土

铜钹

东汉（公元 25—220 年）

直径 18.6 厘米，突径 4 厘米

2008 年，合浦县寮尾 13b 号墓出土

打击乐器。素面平直，背部錾刻精细花纹。中为内空半球形隆突，上饰双线柿蒂纹，里侧饰柿蒂纹，中心为圆圈纹。隆突底部等布四孔，其中两孔近圆形，两孔近方形。隆突外饰双线柿蒂纹，蒂内以较长的束腰菱格纹为中心，两侧对称饰涡形云气纹、复线菱格纹和带羽翼状尾的 S 形云气纹。蒂间分四区：一区仅饰一龙；相邻一区为双龙缠绕对视，上蹲一蟾蜍，蟾蜍的前爪各牵一龙须；另两区则饰羽人驭龙纹。羽人为人首鸟身，头插羽毛，肩生羽翼，裸身，身体瘦小，单足。龙张口，有须、角和耳，背部见鳞，出羽翼，四足作奔走状。外沿饰二周弦纹，间以连续的复线菱格纹。

铜钹是外来乐器，源自西亚，最早见于埃及、叙利亚，后在波斯、罗马等地流传。在东方，先见于印度，而后在中亚流传。合浦出土的这件铜钹，从其主体纹饰及化学成分来看，它很可能来自南亚或西亚。

俑座陶灯

东汉（公元 25—220 年）

高 30 厘米，灯盘口径 10.5 厘米

1955 年，贵县（今贵港市）高中工地 14 号墓出土

红陶质。灯座塑成一双脚并拢、屈膝而坐的裸体人像。人物盘发，浓眉大眼，鼻梁高直，连鬓胡须，颈粗短。双手抚膝，头顶圆形灯盏。人物形象较为奇特。

胡人俑座陶灯

东汉（公元 25—220 年）

口径 8.2 厘米，足径 10.8 厘米，高 34.4 厘米

2008 年，合浦县寮尾 13 号 b 墓出土

灯座为男俑，前额置发髻，头部缠巾，深目高鼻，尖下巴，络腮胡。人俑
右手撑地，左手举托灯盘，跣足，盘腿而坐，抬头仰视灯盘。灯盘敞口，
直腹，下部折收与男俑左手相连，盘内支钉缺失，仅见支钉洞。这种人俑
形象类似于西域诸国的胡人。

附鼓俑红陶船

东汉（公元 25—220 年）

通高 21.5 厘米，全长 63.5 厘米，中宽 10.5 厘米

2010 年，贵港市贵城镇三合村梁君 14 号墓出土

船内分前、中、后三舱。前、中舱篷顶为拱形；后舱狭窄且高，两坡式篷盖，为舵楼。船上有 15 个大小俑，其中舵楼 1 个，中舱 2 个（稍大），船头 12 个（分列两排划船，前有 1 人指挥）。划船俑两侧船边各有桨架四处。船头有鼓、系缆桩及挡板，鼓面饰太阳纹。陶船船体结构复杂，显示了当时高超的造船工艺和发达的航运能力，类似的内河航船为瓯骆地区与中原地区之间的水路畅通提供了保障。

陶钵生莲花器

汉（公元前 202—公元 220 年）

高 26 厘米，盘托残径 28.8 厘米

1979 年，合浦县埇口 2 号墓出土

器由三部分组成：顶部是莲花造型，中部为钵，底部为座足。这是一件佛
教文物，它在合浦出现，说明汉代瓯骆地区就已经有人传播和信奉佛教，
这是佛教通过海上丝绸之路传入我国的重要物证。

波斯陶壶

东汉（公元 25—220 年）

口径 8.2 厘米，最大的腹径 19.2 厘米，足径 10.8 厘米，高 34.4 厘米

2008 年，合浦县寮尾 13b 号墓出土

低温釉陶，青绿釉。黄白色胎，火候较低，表面光滑，有细开片，器内施一薄层淡青色釉，可见手工拉坯留下的粗条指压旋痕。小口外侈，圆唇，V 形短流，细长颈，椭圆形腹，矮圈足。颈至腹上部附有一曲形手柄，柄上饰二道凸棱，肩部饰二周宽带纹。考古研究与测试表明，该壶来自波斯地区，属于帕提亚帝国时期（公元前 247—公元 224 年）的器物。这是目前在汉墓中发现的年代最早的一件波斯陶壶，是汉王朝与波斯交往的重要物证。但该壶并非贸易品，或为随身携带之物。

2. 贵县（今贵港市）、梧州等地墓葬出土的文物

　　贵县（今贵港市）是汉代郁林郡的郡治，梧州则是汉代苍梧郡的郡治，也是当时一大都会。贵县、梧州一带东汉时期的墓葬相对集中，出土文物数量众多，器类丰富，反映出当时两地手工业、商业的发达。从这一时期出土的随葬器物看，典型的越式器几乎不见，器型、纹饰上的地域特征也趋于淡化。

弦纹高圈足铜碗

东汉（公元 25—220 年）

高 10.5 厘米，口径 15.8 厘米

1969 年，贵县（今贵港市）火车站东北出土

圆口，深腹，下腹内收，圈足，腹饰弦纹。

錾花高足铜杯

东汉（公元 25—220 年）

高 12.8 厘米，口径 6.7 厘米，足径 6.4 厘米

1955 年，贵县（今贵港市）火车站 74 号墓出土

平口，直壁，深腹，高台式圈足。口沿下刻菱形回纹，腹部刻
三周菱形锦纹，足部刻锯齿纹。

带链提梁铜壶

东汉（公元 25—220 年）

高 31.5 厘米，口径 13 厘米，底径 16.7 厘米

1954 年，贵县（今贵港市）东湖新村 7 号墓出土

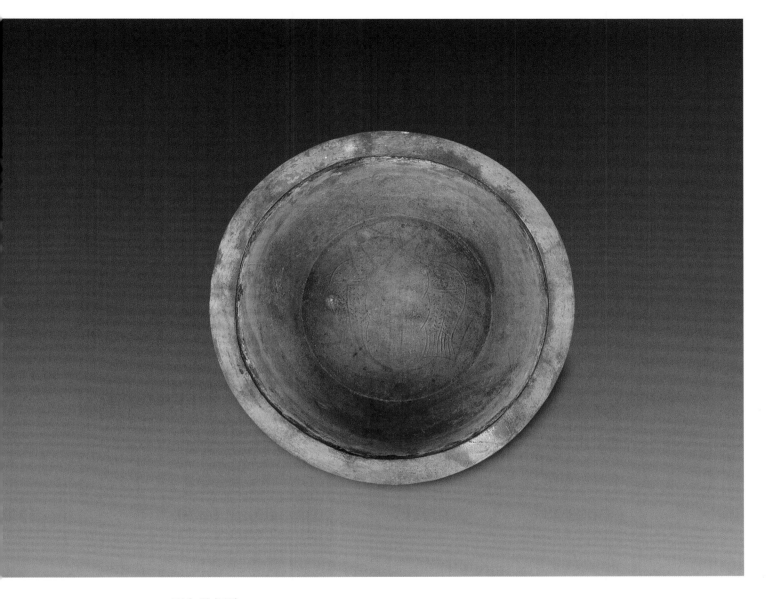

双鱼纹铜洗

东汉（公元 25—220 年）

高 13.5 厘米，口径 32 厘米

1972 年，陆川县良田合山屯出土

盘口，弧腹，平底。上腹外部有一对铺首衔环，且饰五道弦纹。内底刻饰双鱼纹。

悬山顶干栏式铜仓

东汉（公元 25—220 年）

高 54 厘米，进深 42 厘米，面宽 58 厘米

1990 年，合浦县黄泥岗 1 号墓出土

悬山顶干栏式铜仓，仓体呈长方形，平底下有四个节状圆柱支撑仓体悬空。正面仓门的门框凸出，门扇单开，上有一门环；屋脊和瓦面均镂刻竹节纹筒、板瓦。檐口饰半圆瓦当。正门及四面墙壁阴刻有兽面、门吏、人物、龙凤、虎、蝙蝠、枝形灯等各种精美纹饰。

天鸡钮五联陶罐
东汉（公元 25—220 年）
高 7.5 厘米，口径 4.5 厘米
1954 年，贵县（今贵港市）火车站 6 号墓出土

五联罐是典型的越式器，由于两广地区水果多，常用以盛放各式果品，汉墓中多次发现此种类型的陶罐内有酸梅的果核。也有学者认为是用来盛装酸、甜、苦、咸、辛等调味品的，类似今天西餐的五味架。

刻花三羊钮陶盒

东汉（公元 25—220 年）

高 22 厘米，口径 22 厘米，底径 16.4 厘米

1955 年，贵县（今贵港市）总仓库 10 号墓出土

器呈扁圆形，施青黄釉。盖顶置钮，钮套一活环，顶面边缘呈品字形分塑
三只回首卧羊，圈足外撇。腹部置一对铺首衔环。盖顶凸起的双重环内饰
柿蒂纹，盖面饰羽纹和蕉叶纹。腹部饰蕉叶纹、篮纹。

篦纹双耳釉陶匏壶

东汉（公元 25—220 年）

高 23 厘米，口径 2.5 厘米

1955 年，贵县（今贵港市）火车站 47 号墓出土

葫芦形，小口，喇叭状高圈足。肩附双耳。肩部、腹部饰有凹弦纹和篦纹。
足部有穿孔。通体施釉。匏壶为常见越式器，先秦时期在岭南地区的印纹
陶中已出现。西汉早期，器体丰肥，小口，多为平底，后逐渐演变为上半
部加长、圈足加高的形式。用于盛水或酒。

刻花镂空釉陶熏炉

东汉（公元 25—220 年）

高 20.5 厘米，口径 10.5 厘米

1955 年，贵县（今贵港市）火车站 52 号墓出土

通体施釉。子母口，伞状盖，盖顶端有一鸟形钮，并镂长条形孔，器盖
边缘刻划方格纹。器身为斜弧壁，下有柱状直柄和盘形底座。

根据当时的海上交通和贸易情况，香料来自东南亚各地，应无太多疑义，
而熏炉的大量出现，则意味着东汉时期香料的使用在瓯骆地区的富裕之
家已较为普遍。

长方形五俑三眼红陶灶

东汉（公元 25—220 年）

高 21.5 厘米，底长 28 厘米，宽 18.8 厘米

1954 年，贵县（今贵港市）东湖新村 22 号墓出土

灶为红陶质，呈长方形。前有火门，后有烟囱，烟囱制成龟嘴仰天吐烟状。
灶上三眼置三釜，二俑在操作。灶左右两侧各置一缸，亦各有一俑在操作。
火门前有一俑，趴在地上作观火状。东汉时期，封建庄园经济迅速发展，
庄园内不仅生产各种农产品，而且还饲养牲畜和经营手工业。此灶表现的
可能是染房里染布的情景，反映了当时封建庄园经济的一个侧面。

券篷双轮陶牛车

东汉（公元 25—220 年）

车高 11.5 厘米，长 16 厘米，牛高 9.4 厘米，长 17.3 厘米

1963 年，梧州市云盖山 12 号墓出土

牛车为硬陶质，呈红褐色，券篷车盖，长方形车厢，两轮，一牛拉车，厢前坐一人，作驾车状。先秦时期，牛车被当作"平地载任之车"，仅用于代步。东汉中期以前，人们依然将牛车当作低规格的车。至灵帝、献帝之后，因为牛车比马车舒适，所以"天子至士庶遂以为常乘"。

镂空悬山顶两进陶屋

东汉（公元 25—220 年）

高 22.5 厘米，进深 22.4 厘米，面阔 36.4 厘米

1957 年，贵县（今贵港市）南斗村 8 号墓出土

悬山式瓦顶，上饰瓦垄。前壁正中开一正方形门，门两侧上部镂菱形窗，
下部镂直棂窗。

"歹人青□"铭三合院重檐陶楼

东汉（公元 25—220 年）

通高 32 厘米，进深 34 厘米，面阔 27 厘米

1957 年，贵县（今贵港市）粮食仓库 19 号墓出土

陶楼由前屋、后屋及一侧厢房构成。中央是天井，前低后高。前屋正中设一门，一人持械守卫，门左右两侧镂直棂窗。左墙一犬探首洞外，右厢房与内侧不相通，外墙另设一门。屋内一人舂米，一犬趴在门边。后屋面开三间，庑殿式瓦顶。底层前后各设一门，两侧上下镂直棂窗。二楼前后亦各设一门，两侧镂直棂窗。前屋屋面左缘有"歹人青□"字样。据考证，"歹"似为"死"字缺笔，最后一字模糊不清，疑为"用"字，"青"与"请"谐音。全句铭文似可读作"死人请用"。

楼阁型房屋平面呈方形，前屋和左右厢房都是单层结构，后屋为上下两层的楼阁结构。根据其结构，又可分为三合院楼阁式和四合院楼阁式。楼阁型房屋代表了广西汉代较高的建筑水平。

六俑陶屋

东汉（公元 25—220 年）

高 22 厘米，底长 26 厘米，宽 21 厘米

1955 年，贵县（今贵港市）高中工地 4 号墓出土

陶屋为悬山式瓦顶，平面呈"凹"字形，三合式结构，由前屋和左右两屋组成。凹入处围成猪圈。前屋正面设一门，门两侧镂直棂窗。左右两屋比前屋低，后壁均镂方窗。左右墙均镂孔，右墙根镂一窦，三只羊鱼贯而入。前面的一只羊，前腿及头已进入房内，尚余半截身子在门外。室内有六俑，其中三俑持杵舂米，二俑簸米，一俑喂猪。圈内有一猪正在进食。东汉以后，明器中干栏式陶屋已少见，流行三合院式和曲尺式陶屋。

曲尺形五俑带圈陶屋

东汉（公元 25—220 年）

高 20.2 厘米，底长 21.8 厘米，宽 21.5 厘米

1958 年，梧州市云盖山 5 号墓出土

胎质灰白，所施酱褐色釉已部分脱落。陶屋平面呈曲尺状，悬山式瓦顶，由两间长方形房屋和猪圈构成。前屋正中设一门，门两侧作斗拱结构，并镂直棂窗，左侧下方镂圭形窦。右墙设一门，门右上方镂直棂窗，下方饰双线菱形纹和戳印纹。后屋山墙上镂直棂窗，下方镂圭形窦。四周墙壁刻划仿木构架纹。室内有五俑，其中三俑持杵春米，一俑喂猪，一俑倚门张望。门口一犬昂首伏地。后院露天圈内两头猪在槽旁进食。

曲尺形屋由两座长方形悬山顶房屋呈曲尺形连接而成，可分两屋无圈和两屋一圈两种形式。曲尺形房屋一般大门开在正面，也有正、侧两面都开门的。墙面刻划柱、枋、杈手，也有镂空成柱、枋和斗拱以承托屋檐的形式。它是西汉晚期至东汉后期广西民居最普遍的建筑形式。

陶卧牛

东汉（公元 25—220 年）

高 15.5 厘米，长 21 厘米，宽 9.5 厘米

1959 年，梧州市白石村出土

陶卧羊
东汉（公元 25—220 年）
高 15.5 厘米，纵 21 厘米，横 9.5 厘米
1959 年，梧州市出土

3. 瓯骆重器——铜鼓

　　铜鼓起源于云南，是从实用的炊煮器铜釜演化而来的。随着民族的迁徙和民族间的文化交流，铜鼓铸造技术逐渐向外传播，大概到春秋晚期，瓯骆人吸收了铸造铜鼓的工艺技术，并将其发扬光大。进入汉代，瓯骆人在使用石寨山型铜鼓的同时，又先后创制了北流型铜鼓、灵山型铜鼓两种新类型，从而丰富了铜鼓文化的内容，增强了铜鼓文化的生命力。广西是滇系铜鼓文化和粤系铜鼓文化的汇合之处，东汉时期出现的冷水冲型铜鼓，实为上述两大类型铜鼓相互交流的产物，其器型、纹饰兼具两方面的特色。

　　铜鼓是西瓯、骆越地区的重器。瓯骆人不仅用铜鼓伴舞节乐，还把它作为权力和财富的象征，认为有鼓者号为"都老"，"群情推服"，拥有的铜鼓越多，权力越大，甚至"得鼓二三，便可僭号称王"，因此舍生忘死地去追求它和占有它。此外，他们还把它视为"神器"，认为它有消灾赐福的功能，对它顶礼膜拜，珍爱有加。

　　铜鼓集冶炼、铸造、绘画、雕塑、音乐、舞蹈于一身，融政治、经济、文化于一体，是南方古代民族特有的综合艺术精品。铜鼓文化源远流长，两千余年绵延不绝，直至今天，我们仍可在许多民族村寨领略到它的奇异风采。

古代铜鼓类型一览表

铜鼓类型	流行时代	主要特点	铸造或使用者
万家坝型铜鼓	春秋初至战国早期（公元前 8 世纪至公元前 5 世纪）	以云南楚雄县万家坝古墓群出土的铜鼓为代表，主要分布于云南省中部偏西地区。其特点是：鼓面很小，鼓胸特别膨胀，鼓足短，足径大，体型小而略扁；器壁浑厚，器表粗糙，或通体无纹，或有简单稚拙的花纹，胸腰际附小扁耳两对。为铜鼓中的原始形态	濮人
石寨山型铜鼓	战国至东汉初（公元前 5 世纪至公元 1 世纪）	以云南晋宁县石寨山古墓群出土的铜鼓为代表，分布于我国云南、广西、贵州、四川以及东南亚地区，以云南发现最多。由万家坝型铜鼓发展而成。其特点是：鼓面增宽，鼓身增高，装饰以生动的、写实性的翔鹭纹、船纹、羽人纹为主，配以由锯齿纹、圆圈纹和同心圆纹等组成的几何纹带，胸腰际附窄条辫纹扁耳两对	滇人、靡莫人、夜郎人、句町人、漏卧人以及骆越人等
冷水冲型铜鼓	东汉初至北宋年间（公元 1 世纪至公元 10 世纪）	以广西藤县冷水冲出土的铜鼓为代表，主要分布于广西的左右江、郁江、黔江、浔江沿岸一带，云南、贵州及越南也有少量发现，系由石寨山型铜鼓发展演变而成。其特点是：体型增大，足部高度与胸高略等；鼓面太阳纹十二芒已成定制；花纹密集且高度图案化，鼓面除有立体蛙饰外，还常见其他立体装饰物。鼓耳为宽扁的辫纹大耳，有些鼓另加半圆茎环耳两只，鼓内或有半圆钮	僚人
遵义型铜鼓	宋元时期（公元 10 世纪至公元 14 世纪）	以贵州遵义杨粲墓出土的铜鼓为代表，主要分布于贵州、云南、广西以及越南北部。其特点是：鼓面青蛙塑像消失，只铸有蛙爪，胸腰际逐渐收缩，没有明显分界线，鼓耳窄扁。形制和花纹表现出衰退简化，是冷水冲型向麻江型发展的过渡形态	僚人
麻江型铜鼓	南宋至清代（公元 12 世纪至公元 19 世纪）	以贵州麻江出土的铜鼓为代表。为遵义型的后继形式，广泛分布于我国南方各省区乃至越南北部。其特点是：鼓形矮扁，腰中部起凸棱一道；花纹题材受汉文化影响较大，以游旗、十二生肖、符箓、人物、花草、吉祥语和纪年铭文等为主	现存数量最多，当代壮、瑶族、苗族、侗族、水族、布依族、彝族等民族仍在使用
北流型铜鼓	西汉至唐代（公元 1 世纪至公元 8 世纪）	以广西北流市出土的铜鼓为代表，主要分布在两广地区，尤以桂东南和粤西南的云开大山区周围分布最密集。其特点是：体积高大而厚重，鼓面伸出鼓颈外，大于鼓胸，部分鼓的面沿下折，形成"垂檐"；胸部最大径偏下，胸腰际收缩幅度缓慢，以一道浅槽分界；腰足以一道凸棱分界；鼓面背部有调音刮痕；遍体饰以精细的云雷纹等几何图案花纹，一般为三弦分晕；鼓面边沿一般有四只瘦小无纹的立体青蛙；鼓耳多为圆茎环耳	西瓯人、骆越人及其后裔乌浒人、俚人
灵山型铜鼓	东汉至唐代（公元 3 世纪至公元 10 世纪）	以广西灵山县出土的铜鼓为代表，主要分布于广西东南部。其造型与北流型铜鼓大体相似，亦崇尚高大，鼓面背部也有调音刮痕。所不同的是，鼓胸较圆鼓，一律附以扁耳；青蛙塑像后足合拼，蛙背有纹饰，多见累蹲蛙；纹饰有主次之分，常见有钱纹、变形羽人纹、虫形纹、兽形纹、鸟纹、四瓣花纹、席纹、蝉纹等，一般为二弦分晕。部分鼓鼓身附有牛、鹿、鸟等塑像	乌浒人、俚人
西盟型铜鼓	唐代中期至清代末年（公元 8 世纪至公元 20 世纪）	以云南西盟佤族自治县仍在流传使用的铜鼓为代表，主要分布于云南西南部及其毗邻的缅甸、泰国，在广西的龙州、靖西也发现了此型的早期鼓。其特点是：器壁轻薄，形体高瘦，鼓身上大下小，近乎直筒形，胸腰、足没有分界线；晕多而密，花纹有双眼条花纹、团花纹、蛙鸟纹、鱼纹、栉纹、雷纹、米粒纹等；鼓面有立体青蛙，常见二、三蛙累蹲；有的鼓身纵列立体的象、螺蛳、玉树等	云南西南部的少数民族村寨至今仍在使用

翔鹭纹铜鼓

西汉（公元前202—公元8年）

高36.8厘米，面径56.4厘米，足径67.4厘米

1976年，贵县（今贵港市）罗泊湾1号墓出土

鼓面中心为太阳纹，十二芒，芒外七晕圈，主晕为衔鱼翔鹭纹，其余饰栉纹、勾连雷纹和锯齿纹。鼓身九晕圈，饰锯齿纹、圆圈纹、羽人划船纹和羽人舞蹈纹。鼓胸为六组羽人划船纹，每船六人，其中三船的划船者皆戴羽冠，另三船各有一裸体人，船头下方有衔鱼站立的鹭鸶或花身水鸟，水中有游鱼。鼓腰饰八组羽人舞蹈纹，每组二至三人，头戴羽饰，下身系展开的羽裙，两臂外展，双腿叉开作舞蹈状。舞人上空有衔鱼的翔鹭。足部一侧卧刻篆文"百廿斤"，实测重30750克。该鼓属于石寨山型铜鼓。1995年11月，该鼓被国家文物局一级文物确认组定为国宝级文物，也是迄今为止广西壮族自治区博物馆收藏的唯一一件国宝级文物。

羽人划船纹栉纹铜鼓

西汉（公元前 202—公元 8 年）

高 24.4 厘米，面径 29.3 厘米，足径 37 厘米

1976 年，贵县（今贵港市）罗泊湾 1 号墓出土

鼓面中心为太阳纹，十芒，芒间饰斜线纹，芒外六晕圈，主晕（第三晕）
空白，第二、第四、第五晕圈饰栉纹。鼓身六晕圈，胸部上方和腰部下方
均饰栉纹。胸部下方饰两组羽人划船纹，每船两人，皆裸体。第四晕圈由
竖行栉纹带分隔成六格，格内空白。胸腰之间等距离地分布四只扁耳，耳
下方饰网纹。该鼓属于石寨山型铜鼓。

翔鹭纹铜鼓

西汉（公元前202—公元8年）

高52厘米，面径77.5厘米，足径90厘米

1972年，西林县普驮粮站出土

该鼓被锯成上下两截，锯痕清晰，有可能是埋葬时故意锯断的。鼓面中心为太阳纹，十六芒，芒间饰斜线三角纹；芒外六晕圈，主晕为二十只翔鹭。鼓胸饰六组羽人划船纹，船形两头高翘，每船各有九个或十一个羽人，多戴长羽冠，其中一人跨坐于船头，一人在船尾掌舵，一人高坐于靠背台上，二人执"羽仪"舞于台前。船外的一端有一条大鱼，另一端有两只站立的长喙鸟。鼓腰上部饰十二组鹿纹，其中二鹿的有九组，三鹿的有三组；鼓腰下部饰十二组舞蹈羽人纹，每组两人，皆头戴长羽冠。该鼓属于石寨山型铜鼓。

变形羽人纹铜鼓

东汉（公元 25—220 年）

高 52.8 厘米，面径 76 厘米，足径 75.7 厘米

1958 年，平南县上渡公社下渡水闸出土

面沿四蛙，两蛙间各有一群累蹲蛙及一动物塑像。太阳纹十二芒，芒间坠
形纹，其余纹饰有波浪纹、复线交叉纹、羽纹、变形羽人纹、变形翔鹭纹、
变形划船纹。该鼓属于冷水冲型铜鼓。

云雷纹铜鼓

东汉（公元 25—220 年）

高 53 厘米，面径 91.3 厘米，足径 91 厘米

1959 年，岑溪县樟木公社灯草塘出土

面沿四蛙，顺时针环列。太阳纹八芒，芒间分叉。鼓面遍饰云雷纹，鼓身饰雷纹。环耳两对，饰缠丝纹，耳有一道脊线。背面有模痕。该鼓属于北流型铜鼓。

参考文献

[1] 广西文物考古研究所，南宁市博物馆.广西先秦岩洞葬 [M].北京：科学出版社，2007.

[2] 熊昭明.汉风越韵：广西汉代文物精品 [M].南宁：广西科学技术出版社，2014.

[3] 韦壮凡，容小宁.广西文物珍品 [M].南宁：广西美术出版社，2002.

[4] 吴传钧.海上丝绸之路研究：中国·北海合浦海上丝绸之路始发港理论研讨会论文集 [G].北京：科学出版社，2006.

[5] 广西壮族自治区博物馆.瓯骆遗粹：广西百越文化文物陈列 [M].南宁：广西教育出版社，2010.

[6] 郑超雄.壮族文明起源研究 [M].南宁：广西人民出版社，2005.

[7] 蒋廷瑜.广西考古通论 [M].南宁：广西科学技术出版社，2012.

[8] 广西壮族自治区博物馆.百色旧石器 [M].北京：文物出版社，2003.

[9] 广西壮族自治区文物工作队.广西文物考古报告集 1950—1990[G].南宁：广西人民出版社，1993.

[10] 广西壮族自治区文物工作队，合浦县博物馆.合浦风门岭汉墓：2003—2005 年发掘报告 [M].北京：科学出版社，2005.

[11] 广西壮族自治区博物馆.广西考古文集 [G].北京：文物出版社，2004.

五　瓯骆文化探究

桂南大石铲应是骆越先民的文化遗存

谢日万[1] 何安益[2]

（1.广西文物保护与考古研究所副研究馆员，2.广西文物保护与考古研 究所馆员）

在广西南部地区分布有一种约在新石器时代晚期至青铜时代的石器，其器形特点是短柄、双肩、束腰、弧刃，有直腰型、束腰型、袖肩型等器型，因其大多体形硕大，文物考古工作者习惯称其为大石铲，又因其分布地域以广西南部地区为主，故称之为"桂南大石铲"。多年来有关大石铲的研究成果不少，但关于大石铲文化遗存的族属问题没有引起研究者的注意。在这里，我们从以下几方面论证桂南大石铲应是骆越先民的文化遗存。

一、大石铲分布地域与骆越先民分布地域一致

通过比较大石铲遗存分布地域和骆越先民活动的地域，可以看到两者在地理空间分布地域上基本重叠，这为大石铲文化遗存是骆越先民创造的观点提供了依据。

1.大石铲文化遗存的发现及其分布地域

大石铲最早于 20 世纪 50 年代被发现。1952 年修筑崇左至友谊关公路时，筑路工人在崇左太平段挖出 1 件石器，由于过去从未见过这种石器，考古工作者把它归入"有肩石器"。1954 年，中南民族学院研究室在平果县、龙州县调查当地的宗教活动时，发现当地麼公都藏有 1 块用来驱鬼除邪的"雷公斧"。研究人员通过当地干部征集了 74 件石器，包括石斧、石锛、石凿、石铲和石镞等不同形制的原始文化遗物，其中就有现在称为大石铲的，调查组发表调查报告时将之命名为"大型有肩石斧"。1960 年春，扶绥国营金光农场同正园艺场开垦种植时发现成批石铲，广西文物管理委员会调查得知散布范围达 2 平方千米左右。在 1962—1965 年广西文物管理委员会组织南宁地区、钦州地区、玉林地区、百色地区、

柳州地区文物普查中，先后在桂南地区发现出土石铲的遗址和地点 60 多处，其中隆安县乔建儒浩遗址、扶绥县中东那淋遗址的面积都在 1 平方千米以上。这类遗址范围大，遗物丰富，特色明显，考古工作者在此采集到大量标本，使学术界大为震惊。1973 年秋和 1978 年春，广西文物考古训练班和广西文物工作队先后试掘扶绥县中东那淋遗址、隆安县大龙潭遗址。广西文物工作队于 1978 年 9 月试掘扶绥县韦关遗址，1979 年春发掘隆安县大龙潭遗址[1]，1980 年 6 月试掘扶绥县中东那淋遗址，1985 年试掘崇左县吞云岭遗址，1985 年 9 月试掘靖西县那耀遗址，1990 年 12 月发掘忻城县三堆遗址。1991—1992 年，为了配合南宁至昆明铁路建设，广西文物工作队调查了南宁至平果县 108 千米铁路沿线用地，发现南宁市坛洛乡马鞍岭，隆安县那桐镇母牛墓岭、定江村定出岭、大山岭、秃斗岭等 9 处遗址，并结合铁路用地的文物发掘，已发掘了隆安县大山岭、秃斗岭、麻风坡、雷美岭、定出岭、内军坡等遗址[2]。广西文物工作队于 2003 年 5 月发掘武鸣县仙湖镇弄山岩洞葬[3]，在 2005 年配合南宁至百色高速公路建设调查时发掘隆安县虎楼岭遗址。

在这些历次调查发掘的大石铲遗址中，以隆安县境内 1979 年大龙潭遗址和 1991—1992 年大山岭、秃斗岭、麻风坡、雷美岭、内军坡等遗址及 2003 年武鸣县仙湖镇弄山岩洞葬发掘的收获最丰富。1987—1989 年，广西文化厅组织全区文物大普查，南宁地区、百色地区等地发现不少新的石铲遗址或散布点。此后，广西的田阳、忻城、柳江等地区也先后有大石铲零星出土。通过这 50 多年的长期调查、发掘，基本摸清桂南大石铲遗址的分布、文化特征和年代等基本情况，认识到桂南大石铲遗存地方色彩明显，有其独特的文化面貌。

从目前的史料可知，大石铲分布在广西、广东、海南，以广西南部最密集，桂南地区的左右江交汇处是中心地带。目前为止，大石铲的分布地，广西有 40 多个县市 140 多处，广东有 7 个县 15 处，海南省有 5 个县 6 处，越南至少有广宁省 1 处。从文化遗址看，目前发现其主要集中在广西隆安、扶绥、南宁、崇左等县市，其他都是大石铲的零星分布点。上述县市中，以隆安县南部的那桐、乔建、丁当、南圩，扶绥县东北部的中东、昌平、渠黎，南宁西郊的那龙、坛洛、富庶和武鸣等左右江汇合成邕江三角地带的乡镇，所发现的含大石铲的文化遗址分布最为稠密，出土石铲数量最多，器型最典型。而这些乡镇在地理上连成一片，应是大石铲遗址分布的中心区。以此为中心，零星发现大石铲的地方，东至玉林、北流、容县、贺州，远至广东的封开、郁南、德庆、高要，乃至兴宁；南至合浦、钦州、宁明、龙州，远至海南和越南北部；西至百色的田阳、德保、靖西，乃至凌云；北至来宾的忻城，柳州的柳江。这些分布地域说明在广西左右江汇合成的邕江三角地带，在古代曾活跃着一支使用大石铲的人群，对周边地区的居民产生过较大的影响。

以上是大石铲遗址遗物的发现和分布的基本情况，可见分布范围有地域集中在桂南地区的特点，这一带应是大石铲文化遗存的分布中心。

2.骆越人的分布范围

据文献记载，先秦时期中国东南地区、岭南地区，乃至越南北部地区的原住民都是越人，因其支系众多而被称为"百越"。《汉书·地理志》注引臣瓒言："自交趾至会稽七八千里，百越杂处，各有种姓……"据《汉书·地理志》载："今之苍梧、郁林、合浦、交阯、九真、南海、日南，皆粤分也。"《史记·南越列传》载："（赵）佗因此以兵威边，财物赂遗闽越、西瓯、骆，役属焉……"由此可知今广东、广西、海南和越南北部地区的越人分别是南越、西瓯、骆越之人。

历史文献记载中的西瓯、骆越属越族的不同支系，都有自己的地理活动空间，且部分相互重合。西瓯分布在今桂江流域和西江流域，骆越则在今左右江流域和越南红河流域，而广东西南部的湛江一带和广西东南部的合浦、钦州一带则是西瓯、骆越杂居之地。据《旧唐书·地理志》记载，在邕州宣化县，"骧水在县北，本牂柯河，俗呼郁林江，即骆越水也，亦名温水，古骆越地也"。宣化县即今南宁邕宁一带，骆越水应为邕江及其上游右江。《百越先贤志·自序》载："牂牁西下，邕、绥、建，为骆越。"顾炎武在《天下郡国利病书》中记载："今邕州与思明府凭祥县接界入交阯海，皆骆越地也。"蒙文通在《越史丛考》中考证了交阯郡、九真郡为骆越之地。据《汉书·贾捐之传》记载，西汉时期海南岛上的原住民亦属于"骆越之人"，明代丘浚的《南溟奇甸赋》说海南三代以前"兹地在荒服之外，而为骆越之域"。由此可知，史书记载明确指出了骆越人的活动区域，分布范围极广，包括了今广西邕江及左右江流域至海南以及越南北部地区。

据《旧唐书·地理志》载，贵州郁平县为"古西瓯、骆越所居"，潘州茂名县为"古西瓯、骆越地"。《元和郡县补志》记载义州为"古西瓯、骆越地"。据考证，贵州即今贵港，郁平县在今玉林西北，茂名县在今广东茂名，义州在今岑溪境内。这些地方都在浔江以南。由此看来，今广西贵港至广东茂名一带是西瓯人、骆越人的杂居地带。在这一地带以北，五岭以南，南越之西，则是西瓯人的活动地域。罗香林根据唐末史籍考证西瓯与骆越"似以今日柳江两岸区域为界，柳江东岸则称西瓯、柳江西岸区以西称骆越，而此两岸区域之接连地带则称西瓯骆越"，从而指出了西瓯与骆越在广西中部地区的分界。

从史籍记载来看，西瓯人的活动时间下限只到西汉中叶，自汉武帝平南越、在岭南重新划分郡县后，西瓯这个族称在历史上就消失了。而骆越仍继续存在较长时间，直到东汉任延守九真、马援征交趾时仍有关于骆越的记载。东汉晚期，骆越之名就少见，而以僚、蛮、乌浒、俚等族称来称呼原西瓯、骆越住地的居民。

从以上分析看，骆越人的活动地域大致在广西南部、广东西南部、海南岛、越南北部地区，其中邕江流域、左右江流域应是骆越人的活跃地带，广西东南部、柳江东岸、广东西南部为西瓯人、骆越人的杂居地。根据考古发现可知，对骆越人活动区域的考古调查和发掘主要有武鸣元龙坡、安等秧、独山等墓葬以及左江岩画遗迹，这些考古资料已被多数考古专家和民族学专家认为是骆越人的文化遗存，而从这些文化遗存可见骆越人文化的繁荣，也佐证邕江流域、左右江流域是骆越人的中心区域。

通过以上对大石铲分布地域和骆越人活动地域的分析，可以发现大石铲分布地域与骆越人活动地域基本一致，大石铲分布的中心地域与骆越人活动的中心区域也都是邕江流域、左右江流域，这种惊人的相似看来不是历史的巧合，而是有其内在的必然联系。因此，我们根据地域相同性提出新石器时代晚期至商周时期的大石铲文化遗存为战国秦汉时期骆越先民所创造。

二、大石铲遗存与骆越文化有相同的文化因素

从现有资料看，大石铲遗存的文化面貌与骆越人的文化面貌存在较大差异，但两者之间仍存在一些相同的文化因素，由此看出它们之间的渊源关系。这为大石铲文化遗存是骆越先民创造的观点提供了又一个依据。

1.大石铲遗存的文化面貌概况

大石铲文化遗存中以调查居多，试掘发掘的遗址较少。根据目前的考古发现，大石铲文化遗存主要有以下三类。

第一类是以钦州那丽镇独料遗址为代表,遗址地层中发现灰坑、灰沟、柱洞等遗迹,出土石器、陶片、果核、红烧土等。石器中磨制石器有斧、锛、凿、铲、锄、犁、镰、镞、刀、矛、磨盘、杵、磨棒和锤等。其中石斧为双肩石斧,石铲为大石铲。[4]陶片以夹砂绳纹的陶釜、罐残片为主,这类遗址应是聚落遗址。

第二类是以出土含大石铲遗物为主的遗址,以隆安县大龙潭遗址最为典型。这类遗址的文化特征:出土的器物大部分是大石铲,陶器少见。出土的大石铲多以一定的组合形式如直立、斜立、侧放、平放等放置,而以刃部朝上或柄部朝上的直立或斜立排列组合形式比较特殊,还有的用石铲围成一定形状,如圆形、"凹"字形等。许多石铲无使用痕迹,刃缘厚钝,甚至为平刃。发现的遗迹主要是一些散布的圆形或椭圆形烧火坑或灰坑,内含炭屑石铲碎片。对这些遗址的性质,学术界有人认为是石器加工场,有人认为是与农业祭祀有关的遗址。

第三类为出土大石铲的墓葬,包括岩洞葬和土坑墓。其中岩洞葬以武鸣弄山岩洞葬为代表,主要出土夹砂绳纹陶器,器型有罐、釜、壶、钵、碗、杯等,其中以圜底的罐、釜为主,流行圜底和三足器,也有圈足器。石器有铲、刀、锛、磨槽等,多为有肩石器,有双肩、单肩之分,其中大石铲出土有7件,大部分磨制光滑,制作精致,还有玉玦、坠子两种。土坑墓主要在隆安县乔建儒浩村秃斗岭、大山岭、麻风坡、雷美岭等遗址中发现。一般在长方形土坑中放置不同摆放形式的大石铲,其中有的土坑伴出陶器、石斧或玉玦,有的土坑中放置石块等。从其形制和出土文物分析,这些长方形土坑应当属于土坑墓。

根据研究表明,大石铲文化流行时间为距今四五千年,以隆安县大龙潭遗址时期为典型代表。该遗址炭屑的年代测定为距今4750±100年,树轮校正是距今5320±135年[5];另一个数据是距今4735±120年,树轮校正是距今5300±150年,有的专家认为这个数据偏早,不可信。由此可知大石铲遗址的年代是新石器时代晚期,可能晚至商周时期。

2.骆越文化面貌概况

前文提及,历史文献记载的骆越人相对应的考古文化遗存主要有武鸣元龙坡[6]、安等秧[7]、独山岩[8]、岜马山[9]、敢猪岩[10]等先秦墓,而左江岩画则是骆越人的文化遗迹。这些先秦墓当是骆越文化的重要代表。

从这一批材料看,骆越人的葬俗流行土坑墓和岩洞葬两类,另外在安等秧还有数个方坑,部分坑内放置有石块。土坑墓在元龙坡和安等秧发现，为狭长小型长方形竖穴土坑墓，墓穴排列整齐、集中，墓向多东西向。其中元龙坡墓地有部分墓坑用火烤，而在独山岩、岜马山、敢猪岩发现的岩洞葬，洞口朝向大致向东或西，洞口有大石块封住，洞内狭长，口小内宽。随葬品方面，有陶器、青铜器、装饰品，另外在元龙坡墓地中还发现墓坑中放置石块随葬，一般置于二层台或填土中，也有在墓底，当属于有意行为。随葬品数量多寡不一，岩洞葬均有随葬品，但在土坑墓中存在差别，一般为一两件，多则十余件，有的则没有。元龙坡、岜马山、独山岩、敢猪岩所见陶器主要为夹砂陶，少量泥质陶，陶色不均匀，主要为内外两面黄褐色，中间灰褐色，其次为灰黑色、黄褐陶色。纹饰有绳纹、弦纹、篮纹和方格纹，还有彩绘。多数器物为素面，器表多打磨。器类多数为圜底，有少量圈足，不见平底器和三足器。器型主要为罐，其余为钵、壶、杯、釜、碗、纺轮。安等秧墓地的陶器多为几何印纹硬陶，少见夹砂陶。另外，随葬品中还出土较多的青铜器、石器、装饰品等。青铜器主要为青铜兵器，也有生产生活工具等；石器主要出土于岜马山岩洞葬，有锛、戈、刀、砺石等；装饰品主要有玦、环、钏、管等。根据出土随葬品及器物组合看，岜马山的随葬品主要以夹砂陶器和石器为主，不见青铜器，但发现具有青铜文化时期特征的石戈，同时还发现有几十颗石子；元龙坡和独山岩除有夹砂陶器外，还有较多的青铜器，但少见或基本不见几何纹陶；安等秧除青铜器外，少见夹砂陶器，多为几何纹陶。

根据研究可知，这些墓葬年代大致处于商周至战国期间，其中岜马山年代当属最早，其年代上限可早到商代或西周早期；而安等秧最晚，当处于战国时期；元龙坡和独山岩则介于二者之间。

3. 大石铲遗存与骆越文化因素比较

从以上分析看，大石铲文化遗存与骆越文化面貌存在较大的差异。大石铲文化遗存以出土大石铲等石器为主要特征，而骆越文化以出土青铜器等为主要特征，呈现出不同的文化面貌，反映出两个不同时代、两种不同物质文化、不同发展阶段的发展特征，说明社会经历了一个巨大的变革。不过，虽然两个文化存在较大差异，但从二者的文化面貌特征去细查，二者仍然存在一些共同的文化因素，表明二者存在密切联系。

葬俗是一个民族风俗习惯的重要组成部分，也是一个民族固守的文化，它代代相传而成为一个民族特征。因此从大石铲文化遗存与骆越人葬俗看，二者存在较多共性。第一，流行岩洞葬和土坑墓。大石铲文化遗存中既有岩洞葬，也有土坑墓，骆越人中也有类似的葬俗，而且岩洞葬的洞口均为向东或向西，洞口密封，洞内狭长，而土坑墓则均流行长方形竖穴土坑墓。第二，墓葬中存在用石风俗。如大石铲文化遗存中有众多石铲、石器或石块被作为随葬品，而在元龙坡、安等秧等先秦墓葬中也反映出存在类似的风俗习惯。第三，随葬品中的器物组合有相似之处，如均有夹砂陶器、石器、装饰品等。大石铲遗存随葬的夹砂陶器、石器、装饰品同样存在于骆越人墓葬中，而且二者均流行圜的罐或釜，陶色均有灰黑色、灰褐色、红褐色，纹饰方面为绳纹、划纹等。陶器表面有打磨痕迹；石器通体磨光，多为斧、锛，部分有双肩；装饰品方面流行用玉制的玦、环等。在这些器物中最明显的是陶器和石器，骆越人的器物造型均与大石铲文化遗存十分接近。

大石铲文化和骆越文化在葬俗和器物特征表现出来的共性，是二者文化源与流的体现，揭示二者在文化发展方面关系密切，表明骆越文化是对大石铲文化的继承和发展。

三、大石铲遗存年代与骆越人活动的年代相衔接

大石铲文化遗存流行年代距今四五千年，从文化发展的延续性看，大石铲的下限年代有可能更晚，延长至商周时期。

骆越出现的年代，据文献记载大致在商代，而考古资料证明骆越出现的年代上限有可能更早。如属于骆越的岜马山岩洞葬出土的陶器、石器特征与那坡感驮岩[11]第二期晚段同类器接近，特别是陶壶，基本雷同，因此岜马山的年代应与那坡感驮岩第二期晚段相当；另外，岜马山的石戈与广东饶平墓葬[12]出土的风格接近，只是岜马山陶器均为夹砂陶，而饶平墓葬少见夹砂陶，大部分为印纹硬陶。从陶器谱系看，夹砂陶的年代应当早于印纹硬陶，因此岜马山上限的年代当接近或早于浮滨文化[13]的年代上限。综上所述，岜马山的年代上限大致属于商朝中期。岜马山的年代上限也就是武鸣先秦墓葬的年代上限，可能为商朝中期，同时，岜马山的年代上限也恰好与大石铲文化遗存的年代下限接近。岜马山时期应当是骆越文化发展的一个重要的时期，具有承上启下作用，往上继承大石铲文化遗存的诸多文化因素，往下则创造了具有地方民族特色的青铜文化。由此可知，大石铲文化与骆越文化在时间上紧密相连，表明大石铲文化与骆越文化之间存在继承、发展关系。

通过以上比较得知，大石铲文化和骆越文化所具有的诸多共同因素，表明二者有些文化特征基本相同，但因受到时代局限性，二者在各自所属时代内仍体现出不同特征，如处于大石铲文化时代的居民还没有产生青铜器，而骆越的青铜文化已经相当发达。大石铲作为一种时代特征明显的象征性器物，经历了从实用农业工具向祭祀品使用的发展演变过程。当青铜工具出现以后，大石铲存在的明显的缺点就更加明显，如受材质影响，比较笨重和易折断，其实用性和用于祭祀的作用随着青铜工具的出现也逐渐被弱化，最终被青铜工具所代替，退出历史舞台。但总体而言，骆越文化的主要特征还没有改变，在新石器时代晚期，大石铲文化时期出现的社会风俗习惯，在进入青铜文化时期的骆越先民中仍得以体现和继承。民族学的研究理论认为，同一个民族，除具有共同地域等因素之外，还需有共同的文化特征。据此反证，凡具有共同文化特点的族群或部落也可以考虑他们可能是同属一族。因此，笔者认为骆越文化和大石铲文化当属于同一文化的不同发展阶段，应属于同一个族群或部落。

四、结语

综上所述，骆越是先秦两汉时期主要生活在邕江流域、左江流域、右江流域、海南岛、越南北部等地民族的总称，最早见于商周时期的文献记载。从民族形成和文化发展角度看，一个族群或部落的出现不可能是短时间内形成的，其必定有自己的文化来源和发展过程。大石铲文化和骆越文化具有诸多共性的重要因素，表明骆越文化源于本地文化——大石铲文化，大石铲文化的创造者很有可能是骆越先民。

参考文献

[1] 广西壮族自治区文物工作队. 广西隆安大龙潭新石器时代遗址发掘简报 [J]. 考古，1982（1）：9-17，113-115.

[2] 谢日万，何安益. 桂南大石铲遗址发掘研究 [M]// 容小宁. 超越·崛起：广西文物考古发掘研究十大精品. 南宁：广西人民出版社，2007：110-111.

[3] 广西壮族自治区文物工作队，南宁市博物馆，武鸣县文物管理所. 广西武鸣县芭旺、弄山岩洞葬发掘报告 [G]// 广西壮族自治区文物工作队. 广西考古文集（第二辑）：纪念广西考古七十周年专集. 北京：科学出版社，2006：206-237.

[4] 广西壮族自治区文物工作队，钦州县文化馆. 广西钦州独料新石器时代遗址

[J].考古，1982（1）：1-8.

　　[5]陈远璋.桂南大龙潭类型遗址初论[G]//中国社会科学院考古研究所.华南及东南亚地区史前考古：纪念甑皮岩遗址发掘30周年国际学术研讨会论文集.北京：文物出版社，2006：409-420.

　　[6]广西壮族自治区文物工作队，南宁市文物管理委员会，武鸣县文物管理所.广西武鸣马头元龙坡墓葬发掘简报[J].文物，1988（12）：1-13，99.

　　[7]广西壮族自治区文物工作队，南宁市文物管理委员会，武鸣县文物管理所.广西武鸣马头安等秧山战国墓群发掘简报[J].文物，1988（12）：14-22.

　　[8]武鸣县文物管理所.武鸣独山岩洞葬调查简报[J].文物，1988（12）：28，29-31.

　　[9]广西壮族自治区文物工作队，南宁市文物管理委员会，武鸣县文物管理所.广西武鸣岜马山岩洞葬清理简报[J].文物，1988（12）：23-28.

　　[10]蒋廷瑜，蓝日勇.广西先秦青铜文化初论[G]//中国考古学会.中国考古学会第四次年会论文集.北京：文物出版社，1985：252-263.

　　[11]广西壮族自治区文物工作队，那坡县博物馆.广西那坡县感驮岩遗址发掘简报[J].考古，2003（10）：35-56.

　　[12][13]邱立诚，曾骐.论浮滨文化[G]//揭阳考古队，揭阳市文化广电新闻出版局.揭阳考古（2003—2005）.北京：科学出版社，2005：252-264.

西瓯骆越新考

覃圣敏

（广西民族问题研究中心研究员）

西瓯、骆越是我国南方百越族群中的重要成员，与我国人口最多的少数民族壮族有着渊源关系。但是，在秦汉时期的史籍中，有时单称瓯或西瓯，有时单称骆或骆越，有时又连称瓯骆，致使后人见仁见智。有人认为，西瓯和骆越是同族异称；有人则认为，西瓯和骆越是不同的两支越族。这两种意见在历史上长期并存，令人莫衷一是。笔者从另一个角度试做探讨。

一、溯源：西汉以前文献中的瓯与骆

"瓯"，或作"呕""欧""沤""瓯越"。这些名称很早就见于先秦文献中，如《山海经·海内南经》说："瓯居海中。"《逸周书·王会解》说："东越海蛤，瓯人蝉蛇，蝉蛇顺，食之美。""且瓯文蜃。""越沤，剪发文身。"《战国策·赵策》说："被发文身，错臂左衽，瓯越之民也。"这些文献中的"瓯"，指的都是闽浙地区的瓯人。他们的活动以瓯江流域为中心，但不知是瓯人因瓯江而得名，还是瓯江因瓯人而得名。

广西境内也有瓯人。《逸周书·王会解》说："伊尹受命，于是为四方令曰：'臣请……正南：瓯、邓、桂国、损子、产里、百濮、九菌，请令以珠玑、玳瑁、象齿、文犀、翠羽、菌鹤、短狗为献。'"其中的"瓯、邓、桂国"，有人主张把"瓯""邓"断开，认为是瓯国、邓国、桂国，因三者并列，故将前二者的"国"字省略了；也有人认为，"瓯邓"不应该断开，因为几个并列的名称都是由两个字组成的。但无论是"瓯、邓"还是"瓯邓"，都应是指今广西境内的瓯人。

《淮南子·人间训》云：秦皇"又利越之犀角、象齿、翡翠、珠玑，乃使尉屠睢发卒五十万，为五军：一军塞镡城之岭，一军守九疑之塞，一军处番禺之都，一军守南野之界，一军结余干之水，三年不解甲弛弩，使监禄无以转饷。又以卒凿渠而通粮道，以与越人战，杀西呕君译吁宋。而越人皆入丛薄中，与禽兽处，莫肯为秦虏。相置桀骏以为将，而夜攻秦人，大破之。杀尉屠睢，伏尸流血数十万，乃发谪戍以备之"。其中的"西呕"，也就是西瓯。之所以称为"西瓯"，有如颜师古所说的"言西者，以别东瓯也"。

"瓯"为何意，古人无解。近人刘师培在《古代南方建国考》中认为："瓯以区声。区，为崎岖藏匿之所。从区之字，均有曲义，故凡山林险阻之地，均谓之瓯。南方多林木，故古人谓之区，因名其人为瓯人。"这虽然不无道理，但也仅是一家之说，似乎未见赞同或反对的意见。

"骆"，或称"雒"。这个名称在先秦古籍中似乎没有见到，但在《逸周书·王会解》中提到"路人大竹"。朱右曾在《逸周书集训校释》中云："'路'音近'骆'，疑即骆越。"很多学者都赞成这个意见。还有人认为，《越绝书》和《吴越春秋》中的"莱"也是"骆"的意思。但即使这些意见都有理，也不是"骆"的本字。

真正提到"骆"而且没有争议的最早古籍，大约是《吕氏春秋·孝行览·本味篇》。其记载："和之美者：阳朴之姜，招摇之桂，越骆之菌……"高诱为此注："越骆，国名。菌，竹笋。"晋人戴凯之的《竹谱》引作"骆越"，不知他是另有别本所据，还是他按自己的意见改。其实，无论"越骆"还是"骆越"，意思都一样，只是词序不同而已。这个词序的不同，可能与越语、汉语的词序正好相反有关，也就是说"越骆"可能是直接记录的越语，而"骆越"则是经过翻译的汉语。

《史记》似乎没有单独提到过"骆"，提到"骆"时都是与"瓯"相连接成"瓯骆"（至于是"瓯、骆"还是"瓯骆"，且待下面再论）。有人认为，在《史记·东越列传》的开头就提到闽越王、东海王均姓"骆"，但中华书局1959年版中是这样说的："闽越王无诸及越东海王摇者，其先皆越王勾践之后也，姓驺氏。"南朝宋人裴骃的《史记·集解》引徐广曰："驺，一作'骆'。"唐人司马贞的《史记·索隐》云："徐广云一作'骆'，是上云'瓯骆'，不姓骆。"即使东越有姓骆的，所指也不是我们所说的族称。

自东汉后，特别是魏晋南北朝的史书，才较多单独提到"骆"或"骆越"，如《汉书·贾捐之传》云："骆越之人父子同川而浴……"《后汉书·马援列传》："援……与越人申明旧制以约束之，自后骆越奉行马将军故事。""援好骑，善别名马，于交阯得骆越铜鼓……还上之。"郦道元的《水经注·叶榆河》引《交州外域记》云："交趾昔未有郡县之时，土地有雒田，其田从潮水上下，民垦食其田，因名为雒民。设雒王、雒侯，主诸郡县。县多为雒将……"在交州一带设置郡县始自秦始皇，既然在未设置郡县之前即有"雒王""雒侯"，则"雒（骆）"的称谓应在先秦时期已有。又据《史记·南越列传》中的《索隐》注曰："《广州记》云：'交趾有骆田，仰潮水上下，人食其田，名为"骆人"。有骆王、骆侯。诸县自名为"骆将"，铜印青绶，即今之令长也。后蜀王子将兵讨骆侯，自称为安阳王，治封溪县。后南越王尉他攻破安阳王，令二使典主交趾、九真二郡人。'寻此骆即瓯骆也。"《交州外域记》和《广州记》约为魏晋时期的著作，应是魏晋人对先秦骆越的追记。

"骆"的来历，除上引《交州外域记》和《广州记》所说的与"潮水上下"有关外，今人有的认为与"山麓"或"麓田"有关。《史记·正义》有云"南方之人，多处山陆"，其中的"山陆"，就是"山麓"的意思。也有人认为"骆"与鸟图腾或鸟崇拜有关，因为"骆"〔lo：k〕在壮语中就是"鸟"的意思。至于孰是孰非，目前还无从确定。

二、悬案：历史上两种相左而长期并存的意见

对于西瓯与骆越的关系，在历史上有两种不同的看法，一种意见认为二者为同一支越族在不同时期的不同名称，以下简称"同支说"；另一种意见认为二者是不同的两支越族，以下简称"异支说"。

"同支说"最早见于南朝梁人顾野王（519—581）的《舆地志》："交趾，周时为骆越，秦时曰西瓯……"[1]"交趾"的地域范围，历史上有广义和狭义之分。广义上的"交趾"，泛指岭南地区；狭义的"交趾"，仅指汉武帝平南越后设置的"交趾郡"。这里所说的"交趾"，应是广义的，指的是岭南地区，而不是仅指今越南境内的"交趾郡"。唐人司马贞在《史记·索隐》中注引《广州记》的骆人、骆田之后也说："寻此骆即瓯骆也。"颜师古（581—645）说得更明白："西瓯即骆越也，言西者，以别东瓯也。"[2]但这种说法在唐代以后，似乎无人再提，直到现代，有些学者才又重申这种观点，如林惠祥的《中国民族史》认为，"骆、越亦称瓯越或西瓯"[3]。苏联学者伊茨的《东亚南部民族史》也认为，"显然，我们应该同意颜师古的意见"[4]。但总的来看，现在同意顾、颜之说的学者并不多。

认真分析起来，顾、颜的"同支说"确实存在一些疑点。按照顾野王的说法，骆越应该是"周时"也就是先秦时期的称谓，西瓯则是秦时的名称。如果真是这样的话，那么在先秦的文献中就应该多见"骆越"，而在秦汉文献中多见"西瓯"才对。但是，实际情况却正好相反，先秦文献较多提到的是"瓯"，反而很少见到"骆"。《吕氏春秋》提到的"越骆"，即使不是独例，也是很少见到的。所以，有人又往音近的字上想，把《逸周书》说到的"路人"理解为"骆人"，认为"路"和"骆"字形相近，读音也差别不大，古人用以表示族称的用字往往不规范，例如"瓯"又写作"呕"，所以把"骆人"写成"路人"并不奇怪。但也有人指出，在古韵中"骆"和"路"属于不同的韵部，"骆"为入声字，而"路"为去声字；"路"属暮部，而"骆"属铎部。古人用字虽然不很规范，往往互相通假借代，但用于借代的字应是属于同一个韵部或可互通的韵部的，不同韵部或韵部不可通的字是不能用于借代的。这是一条不成文的规则。例如"西呕""西瓯"和"西于"，"呕"分属虞部、候部，均为平声，"瓯"分属候部平声、厚部去声，"于"亦为虞部平声，所以"西呕"可以写成"西瓯"，也可以写成"西于"，因为它们的韵部都相同或可相通。由于"路"和"骆"的韵部不同也不可相通，因而把"路人"看成"骆人"不一定可靠，也就是说"路人"可能另有所指，不一定就是"骆人"。

但是，即使"骆"的名称在先秦的文献中很少见到，也不足以说明顾野王的说法错了。因为在先秦文献中没有或者很少提到"骆"或"骆越"，可能与中原文人对"骆"的了解程度有关。也就是说，先秦时人们对"骆"的了解还较少，因而很少有载之及文；而自秦汉用兵岭南以后，人们对"骆"或"骆越"的了解才逐渐多了，故而才较多追述及先秦的"骆"，有如前面所引《交州外域记》和《广州记》之言。根据这种情况推断，先秦应该已有"骆"或"骆越"的名称存在，所以顾野王所说的"周时为骆越"并非妄言。

"异支说"大约始于晋时。晋人郭璞在扬雄《方言》卷一中的"西瓯"句下注曰："西瓯，骆越之别种也。音呕。"这里认为西瓯是从骆越分出来的"别种"，已有将西瓯、骆越视为二支之意。唐人李吉甫（758—814）的《元和郡县图志·岭南道五》云：贵州（今贵港），"本西瓯、骆越之地"；贵州郁平县，"古西瓯、骆越所居"；党州，"古西瓯所居"；潘州茂名县，"古西瓯、骆越所居"；邕州宣化县，"古骆越地也"。

杜佑（735—812）在《通典·州郡十四》中有"贵州，古西瓯、骆越之地"的记载，但其余各州郡均未见此类说明。五代时后晋人刘昫在《旧唐书·地理志》中，也分别在党州（今玉林市）、宣化（今南宁市）、郁平（今玉林市）下注云："古西瓯所居"，"古骆越地也"，"古西瓯、骆越所居"。书中还有许多地方也是如此加注。这表明李吉甫、刘昫等人已经将西瓯、骆越视为不同的两支越族，因而分别标出他们的不同居住地或他们的共居之地。后代学者大多沿袭了这种说法，明确指出"西瓯与骆，本为越之二支"[5]。只是各人在划定西瓯和骆越的居地范围时，又大相径庭。

仔细推敲，"异支说"也存在若干疑点。

其一，关于西瓯、骆越的聚居地问题。上述各书所言，虽然标出某地为西瓯、骆越居地或二者共居之地，但都没有说明有何根据，只能看出一些倾向性观念。罗香林曾指出，综观李吉甫的《元和郡县图志》，该书"所单言与混言，亦似有相当界说，盖西瓯与骆越，似以今日柳江西岸区域为界，柳江东南则称西瓯，柳江西岸区域以西，则称骆越，而此西岸区域之接连地带则称西瓯骆越"。他这个概括大体符合李吉甫所标示的，但他自己却认为，西瓯"其居地似在今广西柳江以东，湖南衡阳西南，下至今苍梧封川，北达今黔桂界上"；而骆越居地"殆东自广西南宁西南，下及广东雷州半岛及海南岛，以达安南东北部、中部"。[6]类似的看法，还有"（西呕君）译吁宋旧壤湘漓而南，故西越也；牂牁西下邕、容、绥、建，故骆越也"[7]。这些看法所划定的骆越居地的范围还可以接受，但所划西瓯居地的范围则与实际相去甚远。

包括罗香林在内的一些人将西瓯居地的范围划在桂江流域和西江流域，未见说明根据，有可能是根据《淮南子·人间训》关于"（秦皇）又以卒凿渠而通粮道，以与越人战，杀西呕君译吁宋"的记载。这里所说的"渠"，无疑是指位于今广西兴安县的灵渠。而通过灵渠，唯有沿漓江、桂江南下而抵苍梧，再下可抵番禺。由于《淮南子》在说到凿灵渠通粮道之后，紧接着就说"与越人战"，并击杀了西呕君译吁宋，因此许多人都以为西呕居地就在距离灵渠以南不远的地方，于是就把西瓯居地的范围划在桂江流域和西江流域。但是，桂江流域和西江流域在秦军到来之前应当属于苍梧古国。苍梧古国的建立很早，在舜的时候就有了。据《史记·五帝本纪》："舜年二十以孝闻，年三十尧举之，年五十摄行天子事……年六十一代尧践帝位。践帝位三十九年，南巡狩，崩于苍梧之野，葬于江南九疑，是为零陵。"《逸周书·王会解》在说及伊尹为商王朝制定东南西北四方属国需要进贡的物品诏令时，规定"苍吾翡翠"，即苍梧国要进贡翡翠鸟羽。据《战国策·楚策》，"（楚地）南有洞庭、苍梧"。在战国时，吴起担任楚国的丞相，他曾经"南平蛮越"，将洞庭、苍梧归入楚国的版图。苍梧古国大约就在这个时候被楚国吞并了，但保留了"苍梧王"的称号。这个称号一直保留到汉初南越国统治时期。据《史记·南越列传》，南越王曾封其宗族赵光为"苍梧王"；汉武帝平南越后，还设置有苍梧郡，可见苍梧人的势力和影响还在。苍梧古国的范围，大致包括九嶷山、萌渚岭南北和都庞岭东西的桂东北、粤西北以及湘东南一带。所以，将今桂江流域、西江流域视为西瓯人居地，有失详察。其实，《淮南子》在说到西呕君的时候，只是暗示其地在灵渠之南而已，并没有说明在灵渠之南多远。

有人认为，秦军击杀西呕君的地方应该在今越南北部，甚至认为西呕君被杀后，"（越人）相置桀骏以为将"的"将"，就是越南的安阳王蜀泮；而且，汉武帝平南越后在今越南北部设置有交趾郡，该郡下有"西于县"；"呕"与"于"古音同韵，故"西于"当为"西呕"的另一种写法，所以西呕居地应在今越南北部。由于灵渠的开凿是战略的转折点，击杀西呕君的战争应是一场重大战争，所以《淮南子》才特别将这两件事记下来了，并非说二地靠得很近。这种说法将"西于"与"西呕"联系起来，是对的，但却把先秦的瓯与秦时的西呕混为一谈了，所以并不可取。这点且待下面再论。

其二，《淮南子》没有提到"骆"而仅说"西呕"，这个名称在《淮南子》之前确实未见，因而可称之为新称。《史记》中有单独提到"瓯"的，如"夫翦发文身，错臂左衽，瓯越之民也"[8]，但却没有单独提到过"骆"；在说到"骆"时，都是与"瓯"同时出现，并且都是位于瓯之后。这是为什么呢？颇耐人寻味。

有人认为，这正好印证了顾野王"周时为骆越，秦时曰西瓯"的说法，因为骆越是"周时"（西周到战国时期）的旧称，西瓯则是"秦时"的新称（现称）；既有现称，就不再单提旧称，而提到新称时，为明确起见，有时又缀以旧称。这大约就是《淮南子》单提"西呕"，而《史记》连称"瓯骆"的缘故。

但是，许多人认为，"瓯骆"并非连称，而是并称，应为"瓯、骆"。由于古代没有标点符号，所以对《史记》中瓯骆同时出现的问题，就有不同的解读。二者的依据都是《史记》，只是解读不同而已。这样，"瓯、骆"与"瓯骆"之争，就成为难解的历史悬案。

《史记·南越列传》有云："（赵）佗因此以兵威边，财物赂遗闽越、西瓯、骆，役属焉。"罗香林的《古代百越分布考》认为，这句话"不言西瓯骆而单言西瓯，知西瓯与骆，本非联结名词，则所谓'闽越西瓯骆'，实指三地，而非二地"。《史记》的标点版本大约亦持此见，因而在断句时将闽越、西瓯、骆三者断开。其实，仔细分析即可知道"闽越"为一地，此无疑问，而"西瓯骆"则并非二地。且看《史记·南越列传》中赵佗上呈汉文帝的"谢罪书"："且南方卑湿，蛮夷中间，其东闽越千人众号称王，其西瓯骆裸国亦称王。"此中的"其西"，是与上文"其东"对举而言；"裸"则是形容词，唐人司马贞释其义为"露形也"，与《史记·赵世家》所云"禹袒裸国"的"裸"是同一个意思，所以"其西瓯骆裸国"一语所说，实际上只是"瓯骆国"而已。对照前面的"闽越西瓯骆"，实际上是说闽越和瓯骆二地。但蒙文通在其遗著《越史丛考》中认为，"其西瓯骆裸国"一语，应是西瓯、骆和裸三个"国家"[9]，比别人还多了一个"裸国"，这就有些牵强了。

也有人认为，即使上文"其西"是与"其东"对举而言，"裸"是形容词，也应该是"瓯、骆"二国而不是"瓯骆"一国。他们还将《史记·南越列传》篇末太史公评述中的"瓯骆相攻，南越动摇"一语，理解为瓯与骆互相攻击，并以此作为瓯、骆是两支越族的根据。如果单从"瓯骆相攻"一语来看，这样的理解也许不错，但此语之后紧接着就说"南越动摇"，这就令人费解了：如果是瓯与骆互相攻击，南越就成了第三者，应该坐收渔利才对，怎么会使"南越动摇"呢？毫无道理。所以，攻击的一方应为"瓯骆"，另一方应为"南越"，南越受到瓯骆的攻击，才被动摇了，这样在逻辑上才解释得通。

还有人认为，即使是瓯骆作为一方与南越"相攻"，也可能是瓯与骆联合起来去攻击南越。如果是这样的话，瓯、骆就是并称的两支越族了。再看《汉书·两粤传》引述赵佗的"谢罪书"："南方卑湿，蛮夷中西有西瓯，其众半赢，南面称王……"将这段话与前引《史记·南越列传》两相对照，可知《史记·南越列传》的"西瓯骆"，到《汉书·两粤传》却变成了"西瓯"，省略了"骆"字。如果瓯与骆是并列而不同的两支越族，那么治学严谨的班固是绝不会省略的。所以，由班固的省略来看，可知西瓯与骆越所指相同。班固之所以省略了"骆"字，也可能与前面说到的新、旧名称的交替使用有关。在司马迁时，怕人们对"西瓯"的新称还不熟悉而引起误会，所以缀以旧称"骆"，而到后来的班固时，人们对现称已经习用，没有必要再缀以旧称了，所以就省略了"骆"字。对惜墨如金的班固来说，这样的解释也许更为适当。这也正好印证了唐人颜师古"西瓯即骆越也"的说法。

另外，《史记·建元以来侯者年表》在"下郦侯"的"侯功"中云："以故瓯骆左将斩西于王功侯。"《汉书·景武宣昭元成功臣表》亦在"下鄜侯左将黄同"下的"侯功"中云："以故瓯骆左将斩西于王功侯，七百户。"这是表明瓯骆为联结名词的最有力的证据。将《史记·建元以来侯者年表》和《汉书·景武宣昭元成功臣表》两相对照，除了"下郦""下鄜"和"七百户"不同之外，其余完全相同。这段话说明，在汉武帝平定南越时，原来的瓯骆左将黄同，因帮助汉军斩杀西于王有功，被封为下郦侯或下鄜侯，食邑七百户。这里请注意，黄同是"瓯骆左将"！如果瓯与骆是不同的两支越族，黄同就只能是"西瓯左将"或者"骆越左将"，怎么可能同时为两支越族的"左将"呢？由此看来，"瓯骆"显然是一个联结名词，把它断开是不对的。但蒙文通认为，"此'故瓯骆左将黄同'，犹如'越桂林监居翁'，皆南越之命官。'故'，盖指赵佗南越，'瓯骆左将'，则官号也；'黄同'，其姓名也。'瓯骆左将'犹汉之'胡骑都尉'、'越骑都尉'，为主胡、越骑之职官；瓯骆左将则南越所置以主瓯、骆军众之职官也。是此'瓯骆左将'不得释为'瓯骆国'之'左将'也"[10]。这最后一句是值得商榷的，为什么汉朝只设"胡骑都尉"和"越骑都尉"，却没有设"胡越骑都尉"呢？显然是因为胡、越不在同一个地方，也不是同一个民族。既然蒙先生认为瓯、骆是不同的两支越族，也分处于不同地方，那为什么却将二地二族合为"瓯骆左将"呢？所以，蒙先生的结论并没有说服力。

看来，如果单是从文字上来争论，是永远没有结果的，因为双方所说，都有其理。但是，事情的真相不可能是两种结果，要找出一个结果，应该另寻蹊径。

三、新见：两种歧见其实并不矛盾

对于"瓯、骆"与"瓯骆"之争，本人过去曾经力主"瓯骆"说。后来经过反复思考，觉得仅在文字上纠缠，问题可能永远解决不了，如果换另一个角度来看问题，疑团就有可能解开了。从瓯骆联盟的形成、发展和瓦解来看，前述两种说法其实并不矛盾。

以往人们在分析"瓯、骆"或"瓯骆"的问题时，都忽略了一段不显要但却很重要的史实，那就是在秦始皇用兵岭南之前，瓯、骆原来应该是各自独立的，但到秦始皇用兵岭南时，二者结成了一个联盟。这个联盟到汉武帝平南越时才最后瓦解了。这个历史过程与瓯、骆在不同时期不同的出现形式正相吻合。综观历史记载，瓯、骆在不同时期有着不同的出现形式：在先秦时期，瓯、骆是分开单独出现的；汉武帝以前的秦汉时期，瓯骆则往往是同时出现的；汉武帝以后，瓯、骆又往往单独出现了。这种吻合不是偶然的，而有其必然的内在联系。

根据以上的历史线索来分析，正因为先秦时期瓯、骆是各自独立的，所以史籍在叙及他们的时候，理所当然就把二者分开单提。这是其一。

其二，瓯、骆两支越族后来结成了一个联盟。结盟的原因可能有很多，但最主要、最直接的原因可能是为了共同抵抗秦军。从《淮南子·人间训》在说及西呕君被秦军击杀之后，越人"皆入丛薄中，与禽兽处，莫肯为秦虏"，并"相置桀骏以为将"等情况来看，应该是原始社会末期军事联盟的情形，那时的军事联盟是常见的。虽然瓯、骆联盟的具体时间和具体情况不清楚，但联盟的结果却很明显，即使秦军受到重创。《淮南子·人间训》所说的越人"夜攻秦人，大破之。杀尉屠睢，伏尸流血数十万"，就是生动而具体的描写。如果没有瓯、骆联盟，是不可能具备这样的力量的。

在联盟的过程中，虽然具体的细节我们不清楚，但可进行合理的推想，其趋势必然是将本来各自独立的瓯、骆整合成了一个整体，这个整体的名称就叫作"瓯骆"，或者新称为"西瓯"。于是，"西呕君""瓯骆国""瓯骆左将"等名称也就自然在《淮南子》《史记》中出现了。所以，顾野王说"周时为骆越，秦时曰西瓯"并没有错。颜师古是为《汉书·两粤传》作的注，所界定的时间理应是西汉时期，所以他就直截了当地说那时的"西瓯即骆越也"，其意思与顾野王所说是互相吻合的，也没有错。

但是，瓯骆联盟最后也抵挡不住秦军的进攻而溃散各地。桂林郡、南海郡和象郡三郡的设置，标志着秦军的胜利和岭南战事的结束。秦王朝在统一岭南后没多久，就在陈胜、吴广的农民起义浪潮中崩溃了，赵佗乘机代理南海郡尉之职，击并了桂林郡、象郡，割据了岭南，建立了南越国。建立南越国后，赵佗为了"和集百越"，没有取消瓯骆联盟。

在南越国时期，瓯骆联盟仍然存在，所以赵佗说"其西瓯骆裸国亦称王"。一直到汉武帝平南越时，还有"瓯骆左将""西于王"，这也是瓯骆联盟仍然存在的明证。

其三，瓯骆联盟从南越国建立前就已存在，一直到南越国灭亡时还存在，但到汉武帝平定南越后，就被分化瓦解了。前引《史记·南越列传》《汉书·两粤传》都说到"以故瓯骆左将斩西于王功侯"，这个"故"字说明，到汉武帝平南越后，所谓"瓯骆左将"已经成为过去，也就是说，瓯骆联盟已经不复存在。当时，汉武帝虽然公开声明对岭南"以其故俗治"[11]，好像很尊重岭南越人的风俗习惯，但从他在岭南设置的郡县来看，又体现了他没有公开说出来的"分而治之"的方略。他把秦始皇原来在岭南设置的象郡、南海郡、桂林郡三郡扩展为南海郡、苍梧郡、郁林郡、合浦郡、交趾郡、九真郡、日南郡七郡，加上在海南岛上设置的珠崖郡、儋耳郡二郡，总共有九郡之多。为什么要把原来的三郡扩展为九郡？显而易见，就是为了便于"分而治之"。将"以其故俗治"与"分而治之"联系起来看，可知前者是手段，后者才是目的。汉武帝所说的"故俗"，并非当时（西汉前期）之俗，而是瓯骆联盟以前先秦的故俗。从汉武帝以后的情况看，秦时溃散各地的瓯骆越人，很可能恢复瓯骆联盟以前的旧称，有的称为西瓯，有的称为骆越，他们杂居之地就称为西瓯骆越。这也就是汉武帝平南越后西瓯骆越之名又多见于史籍之中的缘故。汉武帝的做法，一方面体现他遵从越人的故俗，包括恢复先秦的名称；另一方面又达到其削弱瓯骆联盟力量的目的，便于各个击破。

汉武帝可以让越人恢复先秦的旧称，但却不让他们回到原来的居地。所以，西汉以后各地志所载的"西瓯所居""骆越居地""西瓯骆越所居"，都不完全是他们在先秦时期的居地，只能是秦以后甚至汉武帝以后所散居的地方。这一点应该是后人研究西瓯、骆越居地时需注意的。

由上所述，历史上的"瓯、骆"与"瓯骆"之争，似乎可以结束了。

四、新探：一个新发现的古都

"瓯、骆"与"瓯骆"之争的问题似乎可以结束了，但一个新的问题冒出来了：瓯、骆和瓯骆的中心在哪里？

1974 年，武鸣县马头全苏村出土了商代晚期的铜卣、铜戈各一件。

1985 年，又在马头元龙坡和安等秧的岭坡上发现了两处先秦时期的古墓群。经发掘，元龙坡的墓葬有 350 座，安等秧的墓葬有 86 座，共出土了一批在广西罕见的青铜器、陶器、铁器、玉器、石器和石范等，共计 1200 多件。发掘报告认为，元龙坡墓群的年代，上限为西周（后修正为商代晚期），下限为春秋时期；安等秧墓群的年代较晚，为战国时期。

1986 年，在武鸣县陆斡镇覃内村岜马山的 6 个岩洞中发现了一批岩洞葬，共出土陶器 17 件、石器 9 件、石子 58 颗、玉器 1 件，其年代上限约为商代或西周早期，下限为西周晚期至春秋时期。两江乡三联村伏帮屯独山也发现了一处岩洞葬，出土了铜器、陶器、玉石器共 15 件，其年代为战国时期或稍早。

除了武鸣县马头墓群外，宾阳县武陵镇疗寨村木荣屯发现过 1 件西周早期的铜罍；宾阳县芦圩镇、新宾镇下河村凉水坪发现过节齿纹铜钟各 1 件，该县还出土过 1 件铜甬钟，但具体地点不详，年代为西周中期；宾阳县甘棠镇上塘村韦坡屯发现了两座战国墓，出土了一批青铜器，计有鼎、剑、矛、甬钟、斧、刮刀等。横县那旭村路边出土过 1 件浮雕饰铜钟，为西周中期之物；横县南乡发现铜甬钟 1 件，为春秋时期的器物。南宁市那洪乡苏盘村通蒙田埂中曾出土窃曲纹铜钟 1 件，也是春秋时期的器物。忻城县大塘镇初级中学后面的小土坡出土过乳钉纹铜钟 1 件，为西周中期之物。

以上几个县的考古发现，都是环绕着大明山分布。将广西各地发现的从商代到战国时期的器物进行排列，结果发现，年代最早而且前后连贯、分布相对集中的，就是环绕大明山的这几个县。以大明山为中心，可将这几个县市分为内、外两圈，其中武鸣、宾阳、上林、马山四地紧贴大明山，可视为内圈；来宾市、忻城县、南宁市、横县、隆安县、都安县等县市，离大明山稍远，可算外圈。在这内、外两圈之中，从商代晚期到战国时期，都有器物和墓葬发现，其中年代最早、时间延续最长、最集中并有墓葬群的，只有武鸣马头一带。

那么，从商代晚期到战国时期，居住在马头一带的是什么人呢？按照前人的说法和清代的《武缘县图经》记载，今武鸣河是由东江（今香山河）和西江（今两江河）汇合而成，由西南流入右江，古称"骆越水"；武鸣东北的陆斡镇中的"陆斡"〔lokwat〕二字，当地的读音与"骆越"〔lokwat〕的古音非常接近，应是"骆越"的另一种译写。由此看来，环大明山地区为古代骆越分布区当无疑问。

从马头元龙坡、安等秧古墓群的分布情况及出土的文物来看，那里应是古代骆越人的一个活动中心。是什么性质的中心？从全苏村、元龙坡出土的铜卣、铜盘和安等秧出土的带"王"字铜矛来看，不是常人所能有的，其主人应是身份高贵的上层人物，所以那里应是政治的中心；从出土的铸造青铜器的石范来看，那是当时的先进技术，所以那里同时也是经济的中心；从铸造的器物多为兵器来看，那里又是军事的中心。既然是政治、经济、军事的中心，那里必然又是文化的中心。如此看来，那里应该是骆越人的一个古都了。对这个问题，有人从人口、贫富分化、武装实体和王权政治、巫在王权政治中的作用等四方面进行了分析，认为马头一带已进入"方国"阶段[12]。我们退一步说，当时的骆越即使不是"方国"，起码已经是一个古国，因为方国是由古国发展而来的。这种"古国"，还不是严格意义上的国家。但严格意义上的国家，也不是一下子形成的，而是在社会发展中不断完善、不断成熟的，所以，部落联盟与初级国家二者之间的界限很难区分清楚。例如，我国传说时代的尧、舜、禹时期，甚至夏朝，都不是严格意义上的国家，但在人们的观念中，都把尧、舜、禹当作国王来看待，夏朝就更不必说了。同样，南方的部落或部族虽然不同于北方，但古人也都视之为"国"。例如，《史记》和《汉书》都提到"句町王"，《淮南子·人间训》也提到"西呕（瓯）君"。所谓"王""君"，也就是国王、国君；又如《后汉书·南蛮西南夷列传》，也提到"交趾之南有越裳国"。这些都与骆越相邻或相近，都是南方古国。古代的南方社会发展比较缓慢，当北方发展到商朝的时候，已是真正的国家，而南方还停留在原始社会后期，处于国家的萌芽或早期国家的阶段。已故考古学界的前辈、中国社会科学院考古研究所苏秉琦教授认为，古国的"背景是人口密集，社会经济发达，社会已有分工"[13]。这里提出了判定是否是古国的三条标准，还应该加上一条：贫富分化。如以这些标准来衡量，马头一带的情况又如何呢？它具有哪些特点？这里试加综合如下：

（一）地理位置优越。大明山为桂中最高峰，巍峨雄伟，壮族先民自古就尊其为神山。马头一带处于大明山南麓，水系发达，共有15条小河流，其中的二级支流分别汇合成香山河与两江河等一级支流，然后再汇合成武鸣河，再汇入右江。马头一带处于香山河的上游支流旁。循着这些水系，可与外界交通。在陆路方面，大明山南麓山脚下，有一条交通要道，沿着东西方向延伸，往东经思陇、宾阳，可北上中原或东下至广州。这些交通条件，今人看来也许会觉得微不足道，但对于尚处在原始社会后期、自给自足的骆越人来说，已经相当不错。另外，从军事方面看，大明山是最好的屏障，可进退自如，利于保存有生力量。加上有一定的青铜文化，可铸造箭镞、刀、剑、矛等兵器，能有效地杀伤敌人。大明山古称"镆铘山"，就因为人们经常在山坡上发现古代的青铜剑、矛之类的兵器而得名。所以，南方的部落或部族在大山和大河不可兼得时，大山就成为他们的首选。因为有山必有水，而小水必汇入大水，这样，有了山也就等于有了水。

（二）人口长期密集。元龙坡和安等秧已经发掘的商代晚期到战国时期的墓葬共有 436 座。如果加上尚未发掘和已被自然或人为毁坏的墓葬，应该更多。由此估计，当时马头一带的常住人口应超过 1000 人。这样的人口分布，在当时来说可算是密集了。

（三）社会经济发达。马头位于大明山南麓，气候宜人，物产丰富。大明山蕴藏着丰富的动植物资源，物产非常丰富。越族为农耕民族，以种植为生。大明山是桂中最高峰，不仅挡住了北方的寒流，也拦住了南海吹来的暖湿气流，使得这里雨水丰沛，利于农作物生长；山下有大片肥沃的土地，可供种植，加上当地人又会铸造斧、锄等农具，以利耕作。把这些条件综合起来，那时的人们不说丰衣足食，也可谓衣食无忧。

（四）社会分工明确。在元龙坡墓群出土的文物中，有 6 件完整的和 30 多件破碎的浇铸青铜器的石范。这充分说明，当时的社会已有明确的分工，已有相当一部分人脱离农业生产，专门从事浇铸手工业生产。另外，由出土的许多兵器来看，当时的人们多是亦农亦兵，即平时为农，战时为兵，但也应有一小部分是脱离生产的兵将，否则战时是不会有战斗力的。

（五）贫富开始分化，等级差别分明。贫富的分化是从私有制的产生开始的，墓葬中的随葬品，都是墓主的私人财产。在元龙坡的 350 座墓葬中，无随葬品的 54 座，占 15.4%；有随葬品的 296 座，占 84.6%。每座墓的随葬品，数量的差别不是很大，但品位档次的差别却很明显，说明当时的私有制已经相当普遍，贫富差距还不是很悬殊，可能正处在社会刚开始分化的初级阶段。墓坑的形制也反映了墓主社会地位的高低。大部分墓坑是简单的长方形竖穴，少部分墓坑却有二层台，反映了墓主人的社会地位较高。因此，从墓坑的形制、随葬品的有无和随葬品档次的高低可以看出，当时的社会已经明显地分为三个等级：贫民阶层、平民阶层和贵族阶层。贫民阶层是那些无随葬品者，平民阶层是那些随葬一般器物者，贵族阶层是那些随葬高档次器物者，例如随葬铜卤和石范的马头元龙坡墓葬 147 号墓，有可能是君王之墓。正如郑超雄先生指出的"铜卤是权力的象征"，"石范也和铜卤一样具有权力的象征"，因为"石范在普通工匠的手中是铸铜的模具，但在统治者手中则是权力，是神物，是拥有铸铜的权力者"。[14]

（六）有神秘的精神生活和稳固的精神支柱或精神寄托。远古时代，巫术盛行。从元龙坡 237 号墓和陆斡岜马山岩洞葬均有小石子陪葬的情况看，这些小石子极可能是用于占卜的卜具，说明骆越人的社会也盛行巫术。另外，元龙坡 316 号墓出土了一件玉雕工艺品，洁白细净，通体磨光，外形不规范，器体有镂空圆形，是抽象难解的艺术品，其中必定包含着某种神秘的意蕴。郑超雄先生认为，其中间带有长尖尾似的椭圆镂空，有如蛇的蜷曲之状。如果此说不误的话，那这件神秘莫测的艺术品就可能与蛇图腾崇拜有关了。此外，全苏村勉岭和元龙坡 147 号墓出土的铜卤上，也都有蛇纹。如把这些与当地民间传说的产生于母系社会蛇图腾崇拜的"特掘""乜掘"故事联系起来看，当时人们的精神信仰很可能就是"特掘""乜掘"（后来龙母文化的前身）。再从元龙坡墓群出土的铜针来看，它不是用于缝衣，而是用于针灸。那时的针灸，必然与巫术相结合。如此看来，龙母文化可能是大明山周围的骆越人的信仰和精神寄托。

由以上几个特点来看，马头一带作为骆越人的政治、经济、军事和文化中心的自然条件、社会条件、物质条件和精神条件都具备了，因此完全可以称之为骆越古都。

但是，现在在马头一带还没有发现城墙。这有两种可能：一是原来有城墙，现在尚未发现，或者原城墙已经被毁掉，再也无法找到了；二是本来就没有城墙，那当然就找不着了。据《汉书·严助传》记载，淮南王刘安曾给汉武帝上书云："臣闻越非有城郭邑里也，处溪谷之间，篁竹之中……"这里就明白地说越地是没有城郭的。一般来说，都城的建立是进入阶级社会以后阶级矛盾的产物。由于矛盾冲突激烈，战争频仍，因此为了防御和抵挡敌人的攻击，城市大多建有城墙，特别是在平原地区。但城墙并不是城市的唯一标志。从城墙的历史发展看，是从无到有，又从有到无的。现在的南宁市就没有城墙；就是在古代，当南宁在东晋成为晋兴郡的郡治时，也没有砖石或泥土筑成的城墙，而以密集的簕竹来充当。即使是夏、商、周时期的北方都城，也未必都有城墙，许宏先生在《先秦城市考古学研究》一书中说：城垣并非构成夏、商、周都邑的必要条件，何况史前的中心聚落在洪水或军事上意识不到什么威胁时，人们大概不会劳民伤财去建筑城垣把自己围起来。所以，判断马头一带是不是骆越古都，应从其是否是政治、经济、军事和文化的活动中心的实质来分析，而不应以有无城墙为标志。即使没有城墙，马头一带仍然是骆越的古都。

这个古都，从商代晚期到战国时期一直延续下来。它原来只是骆越古都之一，但到瓯骆联盟建立后，特别是西呕君被秦军击杀后，就变成了瓯骆联盟之都。《淮南子·人间训》提及的"越人皆入丛薄中，与禽兽处，莫肯为秦虏。相置桀骏以为将，而夜攻秦人，大破之。杀尉屠睢，伏尸流血数十万"，从记载的这些情况以及今武鸣马头至宾阳昆仑关一带的地理形势来看，秦军与骆越人的这场战争，很可能就发生在这里。人们经常在这一带的山坡上发现青铜矛、剑、箭镞等战国时期的兵器，有可能就是那时遗落的。从后来的历史发展来看，昆仑关一带在宋代和抗日战争时期也发生过著名的战役，可见其地理位置的重要。

马头古都到战国以后就不复存在了。这应该是秦军的南下，才终止了马头作为骆越古都的历史。前面说过，瓯骆联盟最后并没有抵挡住秦军的进攻而溃散各地，那他们的主力往哪里去了呢？

五、新思：两个古都的关系

巧合的是，大约与马头骆越古都消失的时间差不多，在今越南北部突然出现了一个"瓯骆国"，其国王称为"安阳王"。这个巧合，是偶然的，还是有必然的联系？为了说明问题，这里有必要把越南的古史略做介绍。

据越南佚名氏《越史略》卷上载："至周庄王时（前696—前682），嘉宁部有异人焉，能以幻术服诸部落，自称碓王，都于文郎，号文郎国。以淳质为俗，结绳为政，传十八世，皆称碓王。越勾践（？—前465）尝遣使来谕，碓王拒之。周末，为蜀王子泮所逐而代之。泮筑城于越裳，号安阳王，竟不与周通。"在北魏郦道元的《水经注·叶榆河》中注引《交州外域记》云："交趾昔未有郡县之时，土地有雒田，其田从潮水上下，民垦食其田，因名为雒民。设雒王、雒侯，主诸郡县。……后蜀王子将兵三万，来讨雒王、雒侯，服诸雒将。蜀王子因称为安阳王。"《旧唐书·地理志》则引《南越志》云："交趾之地，最为膏腴，旧有君长曰雄王，其佐曰雄侯。后蜀王将兵三万讨雄王，灭之。蜀以其子为安阳王，治交趾。"

对这些记载中的"碓王"和"雄王"，我国和法国、越南的史学前辈多认为是"雒王"之误，因为在这些引述的古籍中，最早的是《水经注》，其所引《交州外域记》约为魏晋时期的著述，它记的是"雒"，而且可与汉代著作中的"骆越"相对应（"雒"与"骆"可通用）；《南越志》虽然也是魏晋或南朝时期的著述，但比《交州外域记》稍晚；而《旧唐书》则为五代时刘昫监修，时间比北魏晚了许多；《越史略》就更晚了，撰于我国元明时期。这些后来的著述作"雄"或"碓"，很可能是因字形相似而致误，故应以《水经注》所引为准。但后来的越南史学界却否定了这种看法，认为越南封建时代的史学家都是学问渊博的人，不可能抄错，因而坚持"雄王"的说法。

这里不想纠缠于"雄王"还是"雒王"的问题，姑且按照后来越南史学界的说法来厘清越南历史发展的梗概：越南的早期历史，是由雄王建立的文郎国开始的。文郎国传到十八世王时，被蜀王子泮取代；蜀王子泮建立了"瓯骆国"，自称为"安阳王"，并修筑了一座城，越南人称为"古螺城"。

这个"蜀王子"是从哪里来的呢？史书没有说明，学术界曾有过以下两种不同的看法：

一种看法是从"蜀王"二字联想到了中国四川的古蜀国，觉得越南的蜀王有可能是从中国四川迁徙过去的。但越南史学界一致否定了这种说法。陈重金在《越南史略》中写道，越南历史上记载的蜀朝并不是中国的蜀国，因为根据中国历史，当时的巴蜀（今四川地区）已归秦朝统治，哪里还有什么王。而且，史籍还记载，蜀王子泮灭文郎国，改国号为瓯骆，即瓯骆国包括蜀国和文郎国。然而，史书里又未见有蜀国疆土属于"瓯骆"的记载。况且，就地理位置看，从巴蜀（今四川地区）到文郎（今越南北部地区）相隔甚远，又有多少山河阻碍，蜀军前去灭文郎国，哪里有那么容易？旧史还记载，安阳王姓蜀名泮，那么，蜀朝应该是文郎国邻近的一个独立家族，而非中国的古蜀国。《钦定越史通鉴纲目》也是这样写的。这个问题在越南似乎就这样定案了。

我国已故著名学者蒙文通曾研究过这个问题，他认为，越南的安阳王就是先秦蜀国的开明王。据《蜀王本纪》和《华阳国志》记载，蜀国自蚕丛、柏灌、鱼凫、杜宇而后为开明，开明传十二世被秦灭。"开明之号为十二世所共，世世皆称开明。故其裔孙南迁交趾仍号安阳。"他还对古音古韵进行研究，认为"汉时开、安二字音近字通。明、阳二字古音皆在阳部，本常通用。则开明之与安阳，本为一词之同音异写，后世不谙其故，遂若为二。且西蜀之与交趾，旧非华夏之域，以异世汉字写之，宜其音读稍殊。故余决安阳之即开明，交趾之安阳即蜀开明氏后裔之南迁者也"。蒙先生还考证了开明王迁徙的路线及其抵达交趾建国的时间。秦灭蜀为惠王二十二年（公元前 316 年），南迁应在公元前 311 年甚至更晚，南迁的路线经由巂州（今四川西昌），南渡金沙江而入姚州（今云南姚安），经今云南礼社江、元江而入越南。抵达越南的时间，蒙先生依据越南旧史所说的安阳王在位五十年来推算，应在公元前 230 年。另外，蒙先生还从神话传说找到越南"古螺城"与成都古城的联系。据《太平御览》卷九三一引《华阳国志》佚文曰："秦惠王十二年，张仪、司马错破蜀，克之。仪因筑城，城终颓坏。后有一大龟从硎而出，周行旋走，乃依龟行筑之，乃成。"这是成都俗称"龟城"的由来。而据陶维英的《越南古代史》，越南的《金龟传》记载，在安阳王攻克雄王后，在封溪建都时有神龟来助，事与张仪筑成都城略同。所以蒙先生认为："此显为张仪筑城传说之演变，当为开明子孙南迁后，以蜀地之传说而传之交趾者也。"[15]

几十年过去了，这个问题在学术界似乎已经被淡化了。但新的考古发现又把人们的思绪拉回到古蜀国的辉煌时代。如果把 20 世纪后期在四川广汉发现的三星堆遗址，21 世纪初在成都发现的金沙遗址与越南的"蜀王子"、越南北方较发达的青铜文化联系起来看，人们也许会得到某种新的启示。当然，具体情况如何，目前还不清楚，尚有待于以后的深入研究。

另一种看法是越南人提出的，认为蜀王子泮不可能是古蜀国的王子，而是本地越人。他建立的"瓯骆国"，北部疆域包括今广西左江流域。越南史学家文新在《雄王时代》第五部分中甚至把蜀泮与《淮南子·人间训》联系起来："根据最近许多人的看法，所谓'相置桀骏以为将'的'将'，不是别人，正是蜀泮。他领导了对秦军的抗战，从带领越人入丛薄中到消灭数十万秦军，最后击败秦朝军队。……因此，蜀泮的威信到了顶点，他指挥抗战的才能得到瓯越人和雒越人的赞扬、佩服，最后得到人们的推崇，接替了雄王而当君主（这时雄王已失去人民的信服）。"

这些分析，有些过于牵强附会。如果把《淮南子》所描写的凿通灵渠之后的战事都说成发生在今越南北部，则秦军在今广西境内就没有什么战事了。这可能吗？在我们看来，与其说使秦军"伏尸流血数十万"的战事发生在今越南境内，不如说发生在今广西境内更合适，具体地点很有可能就在离武鸣马头古都不远的昆仑关一带。这在前面已说过，此不赘述。

根据这种情况，我们在这里提出第三种看法，即越南瓯骆国的建立和古螺城的建造，可能与原在武鸣马头的瓯骆古都的南迁有关。也就是说，瓯骆联盟被秦军打败后，瓯骆联盟的主力有可能沿着今左江南迁至今越南河内附近，在那里建立了瓯骆国并建造了古螺城。这可以从以下几个方面来分析。

其一，瓯骆国的名称问题。蜀泮建立的国家，为什么称为"瓯骆国"？其中隐含着一个前人没有点明的历史背景。尽管学术界对瓯与骆的分布看法不一，但对今越南北部和广西左江流域乃至南宁等地为骆越人聚居地则无异议。如果真的像文新所说蜀泮为本地越人的话，那么他应是骆越人，他建立的国家就应该叫"骆国"，而不应该叫"瓯骆国"，因为这里并没有瓯越人。既然事实上叫作"瓯骆国"，显然是其中包括有"瓯"的成分，而且"瓯"还被放在"骆"之前，可见其地位的重要。《雄王时代》写道："现在许多观点认为，瓯骆国的成立是为了适应瓯、骆越人联合抵抗秦军侵略的需要。"这点说得很对，所以"瓯骆国"的建立应与瓯骆联盟有关。瓯骆联盟在广西被秦军击溃后，向南边瓯骆阵营的纵深撤退，这是不难理解的。所以，这个蜀泮有可能是南迁的瓯骆联盟的首领，他原来所属的部落有可能是瓯，所以联盟后就称为瓯骆，瓯在前而骆在后。

其二，文郎国和瓯骆国的都城问题。在瓯骆国建立之前的文郎国，传了十八世王，其都城在今越南越溪，为山岭地区，地势险要；取代文郎国而建立的瓯骆国，其都城则在今越南河内西北约20千米处，那里一马平川，二者相距颇远。雄王建立的文郎国都城，未见有城墙；而安阳王的瓯骆国，却建造了古螺城（该城因由里、中、外三层城墙构成，形似螺蛳，故名）。这是规模庞大、结构独特的军事防御工程。安阳王为什么不以雄王原来的都城为首都而在平川上筑城为都？他建城的理念从何而来？首先，这可能与血的教训有密切关系。由于原来在武鸣马头的古都（原来是骆越古都，瓯骆联盟建立后又变成了瓯骆古都）没有城墙，致使瓯骆联盟吃了大亏。其次，雄王据以为都的山岭，地势虽然险要，但却不像原来的大明山那样有回旋余地。既然大明山都挡不住秦军，雄王据以为都的山岭也是靠不住的。最后，今河内和古螺城一带是平原地区，是重要的粮仓，如果让秦军占据，无异于让秦军立于不败之地，而要在平原地区站住脚，没有城墙的保护是不可能的。因此，为了有效地抵御秦军，安阳王才不得不建造了古螺城。但是，这个古螺城是在仓促中建筑的，可能还没有完全建好就被秦军攻破了。

其三，瓯骆国建立和破灭的时间问题。瓯骆国建于何时？既然"瓯骆国的成立是为了适应瓯、骆越人联合抵抗秦军侵略的需要"，那么其建立的时间应该在秦始皇开始用兵岭南之后和战事结束之前。据《史记·秦始皇本纪》记载，秦始皇三十三年（公元前214年），秦始皇在岭南设立了桂林郡、南海郡、象郡三郡，表明秦军已经结束在岭南的战事。由此倒推，秦始皇开始用兵岭南的时间，应在秦始皇二十八年（公元前219年）秋冬，此后，秦军有三年"不解甲弛弩"。在这三年中，监御史禄凿通了灵渠以运粮饷，然后秦军才能继续南进。所以秦军击杀西瓯君译吁宋、越人"相置桀骏以为将"和建立瓯骆国的时间，应在公元前216—公元前215年。因此，《越史略》认为瓯骆国的建立在"周末"，也就是战国末期，这是比较接近事实的；而蒙文通认为在公元前230年，似可排除，因为当时秦还没有统一全国，不可能用兵岭南。文新在《雄王时代》中认为，瓯骆国存在于公元前208年—公元前180年，共计28年。但推算一下就会发现，文新推断的时间与史实相抵牾。因为公元前208年，已是秦二世二年，其时不仅秦军在岭南的战事早已结束，就连秦始皇也已经死去。文新既然认为"相置桀骏以为将"的"将"就是蜀泮，那就只有在公元前216—公元前215年之间了，怎么会推迟到公元前208年才建立瓯骆国？这是互相矛盾的。

文新认为，秦军在今越南境内被安阳王打败了，所以秦始皇在岭南设置的三郡不包括今越南的境域。我国一些学者也这么认为。秦军在岭南确实遭受过重创，以致"伏尸流血数十万"，但这仅是秦军在用兵岭南过程中的一幕，而不是最后的结局。从当时秦朝的情况和秦始皇的性格来看，不取得最后的胜利是不会善罢甘休的。最后的结局是岭南三郡的设置。三郡中，南海郡的郡治在今广州，桂林郡的郡治在今贵港，而象郡的郡治，谭其骧教授主编的《中国历史地图集》将其标在今崇左。其主要根据之一是《汉书·高帝纪》中臣瓒注引的《茂陵书》："象郡治临尘，去长安万七千五百里。"而临尘即今崇左。但这条记载是互相矛盾的，如果象郡的郡治在临尘，距离长安就不可能有"万七千五百里"；

如果有"万七千五百里"，就不当治于临尘。二者必有一误。谭其骧认为是距离长安的里数有误，所以将象郡的郡治划在今崇左。但是，如果今崇左确为象郡郡治，在其周围就应该发现有墓葬群，就像在贵港和广州发现有许多秦汉时期的墓葬一样。但是，迄今为止，崇左周围却没有发现过一座秦汉时期的墓葬，更不要说墓葬群了。这是很难解释得通的。所以，象郡的郡治不应该在今崇左，在秦始皇设置象郡的时候，今崇左市虽然也属于象郡的范围，但可能还是荒凉之地。据我国历代地志的记载和后来的研究，秦朝设立的象郡，应在今越南境内[16]。所以，安阳王的瓯骆国曾被秦军攻灭，其破灭的时间约在公元前214年，即秦始皇设置岭南三郡的那一年。

其四，瓯骆国的复国问题。秦王朝在岭南设置三郡后不久，即公元前210年，秦始皇就死去了，秦王朝岌岌可危。公元前209年时，秦王朝爆发了陈胜、吴广农民起义；公元前206年，秦王朝就灭亡了。就在陈胜、吴广起义之时，原来秦朝派驻岭南的南海郡尉任嚣和龙川县令赵佗就图谋乘机割据岭南，难道原来的安阳王或其子孙就不会利用这个机会恢复瓯骆国？安阳王及其子孙自然不会放过这次机会，因为他们复国比赵佗建国要容易得多，只要把原来秦朝派驻今越南的官员废掉或者杀掉就可以了。所以，瓯骆国复国的时间实际上还在赵佗称南越王之前。如果把文新所说的公元前208年看作瓯骆国复国的时间，则完全是可能的，因为公元前209年爆发陈胜、吴广起义后，秦王朝对岭南三郡实际上已经丧失了原有的控制力。瓯骆复国后，进一步完善了对古螺城的建筑。因为该城原来是在仓促中筑成的，大概也正因为这个原因，才会在短时间内被秦军攻破。

但是，瓯骆国复国后也没多久，就又被赵佗攻破了。因为赵佗是要"击并桂林、象郡"以便自立为南越王的。这样，安阳王的复国就必然与赵佗的建国发生矛盾。

其五，赵佗再次攻破安阳王的问题。据《水经注·叶榆河》引《交州外域记》曰："交趾昔未有郡县之时……蜀王子因称为安阳王。后，南越王尉佗举众攻安阳王。安阳王有神人，名皋通，下辅佐，为安阳王治神弩一张，一发杀三百人。南越王知不可战，却军住武宁县。按《晋太康记》，县属交趾。越遣太子名始，降服安阳王，称臣事之。安阳王不知通神人，遇之无道，通便去，语王曰：能持此弩，王天下；不能持此弩者，亡天下。通去。安阳王有女名曰眉珠，见始端正，珠与始交通。始问珠，令取父弩视之。始见弩，便盗以锯截弩，讫，便逃归报越王。南越进兵攻之。安阳王发弩，弩折，遂败。安阳王下船，迳出于海。今平道县后王宫城见有故处。"[17] 这段记载虽然有一些难得的细节，但赵佗攻破安阳王的具体时间却没有交代。那么，赵佗于何时攻破安阳王？

据《史记·南越列传》记载，有两个时间点可以参考。一是赵佗称南越王之前，"秦已破灭，佗即击并桂林、象郡，自立为南越武王"。二是赵佗和吕后交战罢兵之后，"佗因此以兵威边，财物赂遗闽越、西瓯、骆，役属焉"。法国史学家马司帛洛和越南史学家文新都认为是在公元前 180 年，即指此时。

从第一个时间点看，秦"破灭"的时间是公元前 206 年，而赵佗"击并桂林、象郡"的时间应在公元前 206 年之后，但具体何年则不详。据《史记·南越列传》记载，南越国"自尉佗初王后，五世九十三岁而国亡焉"。南越国亡于元鼎六年（公元前 111 年），这有明确记载。由此年倒推 93 年，即为公元前 204 年，可知赵佗称王是在秦亡后两年；而赵佗是在"击并桂林、象郡"之后才称王的，所以击并象郡之事应在公元前 204 年之前，最晚也应是在公元前 204 年，而不应在此年之后。从第二个时间点看，已是吕后掌权的最后一年。赵佗建立南越国后，得到汉高祖的承认，并互"通使物"；但汉高祖死后，吕后改变了汉高祖的政策，"别异蛮夷，隔绝器物"，结果引发了一场战争，直到"高后崩"才罢兵。"高后崩"是在公元前 180 年，但据《史记·南越列传》记载，这一年赵佗虽然"以兵威边"，但却是以"财物赂遗闽越、西瓯、骆"的，并未发生战争；而据《交州外域记》记载，赵佗则是用武力攻破瓯骆国的。如此看来，我们认为第一个时间点的可能性更大一些。当然，也有可能是赵佗攻破瓯骆国后，又以财物来贿赂拉拢瓯骆上层，其攻城的战事包含在"以兵威边"一语之中了，因为从《交州外域记》的记载来看，战事并不激烈。

其六，瓯骆国被赵佗攻破之后的存亡问题。从一般常理而言，一个国家被攻破，就表明这个国家灭亡了。但是，赵佗攻破瓯骆国后，瓯骆国并没有灭亡，只是臣服于赵佗建立的南越国而已，因为赵佗取得胜利后，为了"和集百越"以巩固和扩大自己的影响，还允许瓯骆联盟的存在。直到元鼎六年（公元前 111 年）汉武帝平南越时，还有"瓯骆左将"和"西于王"。而汉武帝平南越后，瓯骆国才彻底灭亡。所以，瓯骆国的历史，从公元前 216—公元前 215 年复国，到公元前 111 年彻底灭亡，前后共计

105 年，其间曾经两次被秦军和赵佗攻破过。

至此，我们可以把瓯骆国的始末时间表简列如下：

公元前 216—公元前 215 年，原在今广西武鸣的瓯骆联盟仓促南迁，在今越南北部建立了瓯骆国。

公元前 214 年，秦军攻破瓯骆国，并在岭南设置南海郡、桂林郡、象郡。

公元前 208 年，瓯骆国的王族乘陈胜、吴广起义，中原动乱之机复国。

公元前 204 年，复国后的瓯骆国又被赵佗攻破，但没有灭亡，而是臣服于南越国。

公元前 111 年，南越国、瓯骆国同亡于汉武帝时期。

六、结语：有望了结的悬案和新的问题

以上我们谈了两个问题：一是关于瓯、骆和瓯骆的历史悬案问题；二是关于广西马头古都和越南古螺城的关系问题。

关于第一个问题，我们认为应该从不同历史时期来看。在先秦时期，瓯与骆原来应是不同的两支越族。尽管在先秦的文献中很少出现"骆"，但后人的追述应当不是空穴来风。这两支越族的分布界线虽然不很清楚，但其地望的相对位置应是西瓯在北，而骆越在南，这应该是没有疑问的。从已发现的先秦考古材料来看，广西北部和广西南部确实有所区别，表明二地的文化不尽相同；而今壮族又分为南壮和北壮，南壮、北壮之间在语言和传统文化方面也有许多不同。将古今材料综合起来看，与西瓯在北边、骆越在南边的分布正遥相吻合。在秦朝时，这两支越族为了共同抵抗秦军而结成了一个联盟，这样，"瓯骆"就变成了联结名词，或统称为"西瓯"，所以，顾野王和颜师古的说法是符合联盟后的情况的。而到汉武帝平定南越后，瓯骆联盟不复存在，汉武帝为了分化瓯骆联盟而让他们恢复先秦时期的旧称，所以，西瓯、骆越的分别单称又逐渐见于史籍之中。许多人根据汉以后的文献，划分出瓯、骆的不同聚居地，是可供参考的。但瓯、骆在秦汉以后的分布，并不等同于他们在先秦时期的分布，不能将两个不同时期的分布混为一谈。从历史发展的不同时期来看，历史上的两种看似相互矛盾的说法，其实并不矛盾。这样，一千多年来的历史悬案就有望画上句号了。

第二个问题是第一个问题的延伸，但学术界还没有展开讨论。我们发现，马头古都与古螺城兴衰的时间衔接得如此紧密，这就使我们

不得不把瓯骆的两个活动中心联系起来。我们觉得，在今武鸣马头一带，原先仅是骆越的活动中心，瓯骆联盟建立后，马头一带又变成了瓯骆联盟的中心。瓯骆联盟虽然曾经使秦军遭受过重创，以致"伏尸流血数十万"，但从当时总体的国力而言，瓯骆联盟是无法与统一了六国的秦王朝相匹敌的，所以其主力最后不得不败退南迁。南迁的路线应该是沿着左江南进的。在抵达今越南河内附近后，瓯骆联盟的主力就在那里建立了瓯骆国，还建造了古螺城。也许古螺城还没有完全建好就被紧追不舍的秦军攻破了。但此后没多久，秦王朝就在农民起义的浪潮中崩溃了。在秦王朝崩溃的过程中，瓯骆王族肯定会乘机复国，只是复国后没多久，就又被割据岭南的赵佗攻破了。但赵佗并没有灭掉瓯骆国，只是使之臣服于南越国而已，直到汉武帝平南越时，瓯骆国才和南越国一起彻底灭亡了。这个思路，仅仅是我们目前初步的看法，如能起到抛砖引玉的作用，我们也就感到满足了。

参考文献

[1][8] 司马迁. 史记：卷四十三 [M]. 北京：中华书局，1959：1808.

[2] 班固. 汉书：卷九十五 [M]. 北京：中华书局，1962：3848.

[3] 林惠祥. 中国民族史：上 [M]. 上海：上海书店，1984：124.

[4] 伊茨. 东亚南部民族史 [M]. 冯思刚，译. 成都：四川民族出版社，1981：217.

[5][6] 罗香林. 百越源流与文化 [M]. 北京：中华书局，1955：70-72.

[7] 欧大任. 百越先贤志 [M]. 上海：商务印书馆，1937：自序.

[9][10][15] 蒙文通. 越史丛考 [M]. 北京：人民出版社，1983：63-88.

[11] 司马迁. 史记：卷三十 [M]. 北京：中华书局，1959：1440.

[12][14] 郑超雄. 壮族文明起源研究 [M]. 南宁：广西人民出版社，2005：215，188.

[13] 苏秉琦. 中国文明起源新探 [M]. 北京：生活·读书·新知三联书店，1999：144.

[16] 覃圣敏. 秦代象郡考 [J]. 历史地理，1983（3）：184-185.

[17] 郦道元. 水经注校证 [M]. 陈桥驿，校证. 北京：中华书局，2007：823.

西瓯骆越青铜文化比较研究

蒋廷瑜

（广西文物保护与考古研究所研究馆员）

西瓯和骆越是战国至汉代百越族群中活跃在岭南的两大部族。从历史文献记载的情况来看，西瓯人主要生活在灵渠以南的桂江流域及西江中游，骆越人主要聚居在左右江流域和贵州西南部及越南红河三角洲一带。西瓯骆越因其所处的自然环境和特定的生产方式，创造了独特的物质文化和精神文化，具有浓厚的地域特色。由于地处中原与西南往来的交汇处，长期的多民族杂居、交流与融合，其文化亦具有多元色彩。其中最能体现瓯骆文化自身发展特点的是这一地区的青铜文化。

一、西瓯活动的时间和地域

西瓯又作西呕，最早见于汉代文献。刘安的《淮南子·人间训》在记述秦始皇平定岭南时，提到"与越人战，杀西呕君译吁宋"。司马迁在《史记·南越列传》中说到，南越王赵佗"以兵威边，财物赂遗闽越、西瓯、骆，役属焉"，将西瓯与闽越和骆并提。又记南越王赵佗上书汉文帝说："且南方卑湿，蛮夷中间，其东闽越千人众号称王，其西瓯骆裸国亦称王。"班固在《汉书·两粤传》中说："且南方卑湿，蛮夷中西有西瓯，其众半赢，南面称王。"明确西瓯在南越之西，并且南面称王。这些历史文献说明，西瓯在秦和西汉前期相当活跃。

西瓯在什么地方呢？《汉书·两粤传》说到，南越"西有西瓯"，已经给出了一个明确的方位。西汉南越国是以番禺为都城的，秦汉时期的番禺即今之广州。南越国以秦之南海郡为基地，并囊括了桂林郡和象郡，占有今广东、广西和越南北部。所谓南越之西，应该是在今广西境内。晋人郭璞在给《山海经》作注时说："郁林郡有西瓯。"郁林郡是汉武帝平定南越后从原桂林郡析出的，治所在今贵港市港南区。汉时，郁林郡领布山、安广、阿林、广郁、中留、桂林、潭中、临尘、定周、增食、

领方、雍鸡十二县，辖地相当于今广西中部、西南部至北部地区。西瓯
就在这个范围之内。《旧唐书·地理志》中的"党州"说："古西瓯所居。
秦置桂林郡，汉为郁林郡。唐置党州……"唐代党州治所在今玉林市西
北的小平山乡小平山圩西，领善劳、抚安、善文、宁仁、安仁五县，位
于今广西东南部。《旧唐书·地理志》中的"潘州"说："茂名，州所治。
古西瓯、骆越地，秦属桂林郡，汉为合浦郡之地。"唐代潘州治所在今
玉林市的西南新桥乡境内，南流江东岸。潘州领南昌、定州、陆川、温水、
宕川五县，也位于广西的东南地区。《旧唐书·地理志》中的"贵州"说：
"郁平，汉广郁县地，属郁林郡。古西瓯、骆越所居。后汉谷永为郁林
太守，降乌浒人十万，开七县，即此也。"唐人李吉甫在《元和郡县图
志》也说："贵州，本西瓯、骆越之地，秦并天下置桂林郡。"杜佑在
《通典·州郡十四》中也说："贵州，古西瓯、骆越之地。"唐宋时期
的贵州治所在今贵港市贵城镇，领郁林、潮水、郁平、马岭、桂平五县，
辖境也在今广西的东南地区。北宋欧阳忞在《舆地广记·郁林州》中说：
"古蛮夷之地。春秋、战国为西瓯。秦立桂林郡，后为南越尉佗所并。"
郁林州，宋代时又名郁林郡，治所在今玉林市兴业县石南镇，后徙玉林
市玉林镇，辖境也在桂东南。《太平寰宇记》贵州郁平县条引《舆地志》
云："故西瓯、骆越之地，秦虽立郡，仍有瓯骆之名。"自唐代后，郁
平县治所在今贵港市东津乡郁江南岸。[1] 从上述记载来看，西瓯作为百
越的一支存在于岭南西部地区，大致分布在汉代苍梧郡和郁林郡大部分
地区，相当于今桂江流域、西江中游等地。直至清代，郁林（今玉林）
还有西瓯地名，如西瓯池，在城内西城下。旧志云，宋至道二年（996年）
襟地筑城而厚，屡圮，因立万寿宫以镇之。又南门外有西瓯驿，并因《旧
唐书·地理志》谓郁林为古西瓯、骆越所居，取以名之。"瓯池春暖"
为明清郁林八景之一，明代嘉靖三十二年（1553年）知州邝元乐作《瓯
池春暖》诗为"西瓯池上蛟龙窟，龙气成云水自波"，清代乾隆二十六
年（1761年）知州福保作《瓯池春暖》诗为"西瓯开古定，凤岭映蛟池"[2]。

罗香林认为西瓯"其居地似在今广西柳江以东，湖南衡阳西南，下
至今苍梧封川，北达今黔桂界上"。西瓯与骆越境地相接，曾杂错而居，
似以今之柳江西岸区域为界，柳江东南则称西瓯，柳江西岸区域以西，
则称骆越，而此西岸区域之连接地带则称西瓯骆越。[3]

二、骆越活动的时间和地域

骆越名称的由来，众说不一。带有倾向性的说法是因垦食"雒田"而得名。郦道元在《水经注·叶榆河》引《交州外域记》时说："交趾昔未有郡县之时，土地有雒田，其田从潮水上下，民垦食其田，因名为雒民。""雒"与"骆"通。"雒民"，即"骆越之民"。

《逸周书》说"路人大竹"，有人认为进贡大竹的"路人"就是骆人，也就是骆越人。《吕氏春秋·本味篇》中说，和之美味者，有"越骆之菌"。高诱注曰："越骆，国名。"越骆是骆越族称词序的颠倒。《水经注》里将"骆越"写作"越骆"，如"郁水"下说的"盖藉度铜鼓，即越骆也"，又如"叶榆河"下说的"击益州，臣所将越骆万余人"。由此可见，越骆就是骆越，本为越的别名。《史记·南越列传》载赵佗上汉文帝书曰："且南方卑湿，蛮夷中间，其东闽越千人众号称王，其西瓯骆裸国亦称王。"汉武帝平南越时，"粤桂林监居翁谕告瓯骆"属汉，得封侯。其中的"骆"就是骆越。

《后汉书·马援列传》载："援好骑，善别名马，于交趾得骆越铜鼓，乃铸为马式，还上之。"骆越之名才正式出现于中国文献中。关于《后汉书·马援列传》中的"骆越"，李贤注曰："骆者，越别名。"

骆越人在哪些地方活动呢？

《旧唐书·地理志》说：邕州宣化县（今南宁），"骦水在县北，本牂柯（同"牁"）河，俗呼郁林江，即骆越水也，亦名温水，古骆越地也"。唐代邕州治所在今南宁，领宣化、武缘、晋兴、朗宁、横山五县，相当于今广西的西南和西北；首县宣化就是今南宁。"骦水在县北"，就是指在宣化县即南宁的北边，当是今之右江，也就是说骦水就是右江，即骆越水。骆越水当以居住骆越人而得名。

明代的欧大任在《百越先贤志》的自序中说："牂牁西下，邕容绥建，故骆越也。"对照《旧唐书·地理志》中的"邕州"条，骦水即牂牁河，也叫郁林江，亦即骆越水，又名温水。而顺这条河下的邕容绥建各地都是骆越。邕即邕州，已如前述，即南宁一带；绥即绥宁县，治所在今宾阳县黎塘镇安城村，这些都在郁江上游地区。

明末清初的顾炎武在《天下郡国利病书》中说："今邕州与思明府凭祥县接界入交趾海，皆骆越地也。"

海南也有骆越之人。《汉书·贾捐之传》记载，在汉元帝初元元年（公元前 48 年）讨论是否出兵珠崖郡时，贾捐之说："骆越之人父子同川而浴，相习以鼻饮，与禽兽无异，本不足郡县置也。"珠崖郡是汉武帝元鼎六年（公元前 111 年）设的郡，治所在今海南省琼山东南，辖境相当于公海南东北部地区。

《后汉书·马援列传》说到，马援"于交趾得骆越铜鼓"，交趾在古代泛指五岭以南，东汉交趾郡治所在龙编，即今越南河内东天德江北岸，辖境相当于在今越南北部红河三角洲一带。《后汉书·任延传》说到，东汉建武初年，任延做九真郡太守时，境内"骆越之民无嫁娶礼法"。东汉的九真郡，辖境相当于在今越南清化、河静两省及义安省东部地区。

从上述文献来看，骆越人活动的时代大致是从战国至东汉时期，活动地域包括汉代的郁林郡、珠崖郡、交趾郡、九真郡等郡。汉代郁林郡在今广西南部，珠崖郡在今海南，交趾郡在今越南北部的红河流域，九真郡在今越南清化、义安地区。因此，骆越人的活动中心在中国广西左江—邕江流域至越南的红河三角洲一带。由此可见，骆越人的活动地域在西瓯之西，大体相当于左右江流域、邕江—郁江流域，海南、越南北部的红河流域。

西瓯、骆越在历史上又常并称为瓯骆。如《史记·南越列传》载南越王赵佗上书汉文帝，述"其西瓯骆裸国亦称王"；汉武帝平南越时，"粤桂林监居翁谕告瓯骆"；桓宽在《盐铁论·地广》中也有"荆楚罢于瓯骆"的记载。《旧唐书·地理志》有些地方称"古西瓯所居"，有些地方称"古骆越所居"，有些地方又称"古西瓯、骆越所居"，把西瓯、骆越各自的居地和混杂居地分别说得比较明白。

《旧唐书·地理志》载潘州"古西瓯、骆越地"，贵州"古西瓯、骆越所居"。如前对潘州、贵州所释，今广东的茂名，广西的陆川、博白、玉林、贵港、灵山、合浦一带应是西瓯、骆越的交错杂居地区。

三、西瓯骆越地区青铜文化的发现

这一地区最早的青铜器见于商末周初，属于礼器的仅可以举出 2 件铜卣。一件出自广西武鸣县马头乡勉岭窖藏，器、盖都全，器壁厚重，器表呈灰黑色，是所谓的"黑漆古"，盖和器身四面都有高耸的扉棱，提梁安在正背脊上，两端是牛头，通体以云雷纹为地，再饰夔龙纹、兽面纹、蝉纹等纹样，器盖内有一个"天"字族徽。另一件出自桂北兴安县，盖已遗失，有绞索形提梁，安在左右脊上，器身两面装饰浮雕式兽面纹，器底内有"天父乙"三字铭文。这2件铜卣都有明显的中原文化色彩，可能是经过千山万水、长途跋涉才来到岭南。由于它们出土于不同一处，没有共存物可参考，何时流落到岭南，尚是一个谜。

西周至春秋时期，岭南地区有了自己的青铜冶铸业，已能铸造青铜兵器、生产工具和其他小件器物。

1985—1986年，在广西武鸣县马头元龙坡发掘了一群墓葬，出土了不少极富地域特色的青铜器，像镂刻细纹的三角形匕首、喇叭形内衔鹰嘴钩舌的圆形器、斜刃钺、新月形刀、桃形镂空血槽镞等，是在其他地方没有见过的。同墓地出土了一批铸造这类铜器的砂石铸范，有的圆形器、斜刃钺、新月形刀、镂空镞放入石范正好吻合，证明这些铜器就是利用这种石范浇铸出来的，是本地铸造铜器的铁证。这批墓葬经过碳-14年代测定，所得年代数据最早为距今2960±85年（树轮校正为3110±80年），最晚为距今2530±100年（树轮校正为2580±102年），时代上限是西周，下限是春秋时期。[4]

1987年4月，在武鸣县两江乡三联村伏帮屯独山岩洞发现商周时期的崖洞葬，出土剑、钺、矛、戈、镞、刮刀等青铜兵器。[5]

1971年，曾在广西恭城县加会公社秧家村金堆桥发现一座春秋晚期或战国早期墓，共出土青铜器33件，包括烹饪器、酒器、乐器、兵器和生产工具。其中靴形钺、柱形器、浅腹鼎很具地域特色。[6]

1996年，在广西贺州沙田镇马东村龙婆岭发现两座墓，出土包括罍、鼎、甬钟、矛、钺、短剑、镞和锛的青铜器8件。[7]

西周至春秋时期的青铜器零星出土已逐渐多起来。在广西宾阳县武陵镇廖寨木荣村、荔浦县栗木镇马蹄塘、陆川县乌石镇塘城村出土过西周铜罍。在广东信宜松香厂出土过西周铜盉，广西灌阳县新街乡仁江出土过铜铙，贺州市桂岭镇出土过铜镈，柳州市出土过铜角形杯，桂平市桂平镇铜鼓滩、忻城县大塘初级中学后背山、横县镇龙乡那桑村妹儿山出土过西周铜甬钟。在广西武鸣县马头勉岭、武鸣县那堤敢猪岩、灌阳县新街出土过西周铜戈。[8]

战国时期，中原已进入铁器时代，对西瓯、骆越地区而言，铜器才真正得到广泛使用，这一时期是西瓯、骆越地区青铜文化发展的重要阶段。这时期的墓葬揭示出的青铜文化也最具有代表性。

1972年初，在广东德庆县马墟凤村落雁山发现一座战国墓，出土铜器 15 件，包括鼎、斧、锛、凿、穿刀、靴形刀、剑、矛、镦、镞。[9]

1972 年底，在广东肇庆市北岭松山发现一座战国墓，出土铜器 108 件，包括锅、鼎、罍、三足盘、提梁壶、筩、铜钟。[10]

1973 年 7 月，在广东四会县鸟旦山发现一座战国墓，出土铜器 59 件，包括鼎、盉、铎、戈、剑、人首柱形器等。[11]

1974 年，在广东四会县龙江高地园发掘两座战国墓，出土铜器 18 件，包括鼎、半球形器、人首仗头器。[12]

1974 年秋冬，发掘广西平乐县银山岭战国墓 110 座，大部分有腰坑，随葬实用兵器、生产工具、生活用具，其中铜器 377 件，包括鼎、盆、剑、刮刀、钺、凿、斧等。[13]

1975 年，在广东怀集县冷坑拦马山发现一座春秋晚期墓，出土铜器 7 件，包括鼎、斧、人首仗头器。[14]

1977 年 6 月，在广西田东县祥周甘莲锅盖岭发现两座战国墓，出土青铜器 14 件，包括鼓、剑、矛、叉形器等。[15]

1977 年 7 月，在广东广宁县新楼乡首约铜鼓岗清理发掘 22 座战国墓，出土青铜器 295 件，包括鼎、盘、圆球形器、剑、矛、钺等。[16]

1977 年冬，在广东罗定县太平南门垌发现 3 座战国墓，出土青铜器 141 件，包括鼎、缶、鉴、盉、钟、钲、剑、人首柱形栓等。[17]

1977—1978 年冬，在广西宾阳县甘棠韦坡村发现两座战国墓，出土青铜器共 24 件，包括鼎、剑、矛、钟等。[18]

1980 年 3 月，在广西象州县罗秀公社军田大队下那曹村出土铜矛、铜钺、铜人首柱形器，应是一座战国墓。[19]

1980 年冬，在广西贺县铺门公社陆合大队发现一批青铜器，计有斧、钺、镞，也应出自一座战国墓。[20]

1983 年 11 月，在广东罗定县罗平区沙头乡横垌村背夫山发现一座战国墓，出土青铜器 98 件，包括鼎、鉴、铎、人首柱形器等。[21]

1984 年 2 月，在广西田东县虎头山发现两座战国墓，出土剑、矛、叉形器等。

1988 年 9 月，在广东封开县南丰镇利羊墩发掘战国墓约 30 座，大多数有腰坑，出土青铜器包括鼎、斧、钺等。[22]

1991 年 7 月，在广西贺县沙田镇龙中村一个溶洞内发现一批青铜器，包括铜鼎、牺尊、铜盉、铜罍、铜鼓、铜钺等。[23]

1991 年 5 月至 1992 年 1 月，在广西岑溪县糯垌镇花果山发掘清理战国墓 14 座，出土青铜器 30 件，以兵器为主，包括剑、矛、钺、镞、斧、锛、刮刀、削等。[24]

1993 年 3 月，在广西田东县祥周乡联福村联合小学大门前南哈坡发现一处墓葬，出土铜鼓 2 件、铜罍 1 件，还有铜錾钉、玉管、玉玦、玉钏等。所出铜鼓是原始形态的早期铜鼓，属万家坝型。

1994 年 6 月，在广西田东县林逢乡和同村大岭坡挖到 1 面铜鼓、1 件精美的铜甬钟，确定是一座春秋晚期或战国早期的墓葬。

1996 年，在广东广宁县龙嘴岗发掘战国墓 9 座，出土青铜器有鼎、盘、锛等。[25]

2001 年 2 月，在广西灵川县大圩镇上力脚村马山七星坡发掘战国至西汉墓 7 座，出土剑、镞等铜兵器。[26]

2001 年 11 月，在广西贺州沙田镇田厂村高屋背岭发掘两座战国墓，出土铜器 48 件。[27]

越南北部主要的青铜文化是东山文化，分布于今永福省、河西省、和平省、河江省等省，年代为公元前 5 世纪—公元前 1 世纪。在东山文化之前是冯原文化、铜豆文化和门丘文化。冯原文化的年代是公元前 3000—公元前 1500 年，铜豆文化的年代是公元前 1500—公元前 1000 年，门丘文化的年代是公元前 1000—公元前 500 年。冯原文化早期还是新石器时代，晚期出现小量铜器。铜豆时期有青铜斧、矛、鱼钩、手镯。门丘时期增楔形斧和镰刀。东山时期铜器种类明显增多，兵器有剑、戈、矛、靴形钺、镞等，生产工具有犁、斧、锄、锹等，容器有瓮形桶、圈足盖盉等，乐器有鼓、铃等，表明此时已进入铁器时代。[28]

属于战国时期的青铜器，在西瓯骆越地区更是不胜枚举。

四、西瓯骆越青铜文化的主要特征

通过以上的考古发现，我们已有条件来探讨西瓯骆越的青铜文化。

（一）西瓯文化

我们在总结银山岭古墓发掘成果时，议论得最多的是这批战国墓的族属问题。这批墓葬的形制和随葬品有比较浓厚的地域特色。通过银山岭战国墓与同时期的广东德庆落雁山、肇庆北岭松山、四会鸟旦山、四会高地园、怀集拦马山、广宁铜鼓岗、罗定南门垌等战国墓进行比较，发现它们有许多共同特点，属于同一种文化类型，再对照历史文献记载，笔者曾推断它们同属于历史上的西瓯。[29] 加上 20 世纪 80 年代以后发掘的罗定背夫山、岑溪花果山、高州仙坑村、广宁龙嘴岗等战国墓群和零星发现的材料，可以进一步归纳西瓯的主要文化特征如下。

1. 盛行长方土坑墓，墓室底部普遍设置腰坑

墓底设腰坑是商和西周时期中原地区十分普遍的现象，腰坑内一般埋一只狗，个别奴隶主贵族也有殉人的，进入春秋初期，腰坑的数量已大为减少，到春秋中期几乎全部消失。但在西瓯地区，在时隔几个世纪之后，仍然盛行腰坑，而且这种腰坑与中原商周时期的腰坑不同，腰坑内只埋一件陶器，未见随葬狗的痕迹。西瓯地区的墓设腰坑的比例很大，以平乐银山岭为例，在 110 座战国墓中就有 87 座设有腰坑，占总墓数的79％。类似的腰坑墓在广东德庆、四会鸟旦山、肇庆松山、广宁铜鼓岗、封开利羊墩等地也存在。岑溪花果山 14 座战国墓，有 13 座挖有腰坑，占总墓数的比例将近 93%；灵川马山七星坡 7 座墓中有 5 座设腰坑，占71%；封开利羊墩第一期至第三期战国墓中，有腰坑的约占 80%。

2. 随葬品组合比较规范

西瓯地区的墓葬的随葬品以实用器为主，基本上没有礼器。其基本组合是铜兵器（或陶纺轮）+ 生产工具 + 生活用具。而铜兵器又是剑、矛、镞配套；生产工具是锄、刮刀配套；生活用具是鼎、盒、杯配套。此外，还伴出砥砺兵器和工具的砺石，相当整齐划一。有铜兵器的墓，都不见陶纺轮，有陶纺轮的墓都不出铜兵器，可以窥见西瓯地区男女墓葬的性别差异。在一些大墓中还随葬代表其不同寻常身份地位的甬钟或柱形器。

3. 青铜制品地域色彩浓厚

西瓯人墓中随葬的青铜器，以铜扁茎短剑、双肩铲形钺、竹叶形刮刀、柱形器和盘口鼎最为突出。此外，还流行甬钟。

扁茎短剑 扁茎，无格，折肩，短身，中脊起棱，多数无首，有首的则首茎分铸，首多覆钵形，少数为空圆首或圆首饰同心圆纹，有柄，柄端有长凹字形凹口，两侧对开有孔。全是扁茎，茎上有孔，一般一孔，仅 1：3 有二孔。形体短小，一般长仅 15～21 厘米。（见图 1）

双肩铲形钺 长方形銎，双肩外折，长方形身，平直刃，或稍外弧。（见图 2）一种是单层肩，像岭南新石器时代的双肩石锛，1976 年在容县六王镇出土 1 件，双肩平直，器身较宽，直刃；一种是双层肩，肩部

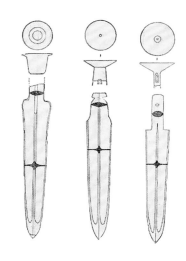

图 1　银山岭出土的铜剑

图 2　铲形钺

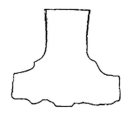

图 3　高屋背岭出土的铜钺

图 4 靴形钺

图 5 铜刮刀

图 6 兽首柱形器

图 7 人首柱形器

图 8 鸟旦山 M1：3

分二级外折，形成双重肩，刃面向一侧起弧形铲状。1974 年，平乐银山岭战国墓出土 2 件，横长平刃或弧刃，器身内侧微凹，外侧微隆起；1981 年，柳州市五里卡废旧三仓拣选出 1 件，梯形身，斜弧刃，通高 8.7 厘米，刃宽 7 厘米；2001 年，贺州高屋背岭出土 1 件，通高 6.9 厘米，刃宽 7.4 厘米。（见上页图 3）

靴形钺　平面形状像长筒靴，一般是椭圆形銎或六棱形銎，銎部较长，刃呈弧形，左右两侧不对称，前端高翘伸出很长，后跟很短，因而又被称为不对称钺。（见图 4）恭城县加会秧家村金堆桥春秋墓，象州县罗秀公社军田大队下那曹村战国墓，平乐县银山岭战国墓，贺州市铺门镇六合战国墓都有发现。金堆桥靴形钺两刃角上翘；平乐银山岭的一件后侧附有一个半环状系钮，銎上方饰斜向栉纹，中段饰垂直栉纹，下段饰网纹，再下饰垂叶锯齿纹。[30]

竹叶形刮刀　形状呈竹叶形，前端尖翘，两侧有刃，横断面呈人字形，背面隆起有纵脊，或呈弧形，背面圆滑无脊，后端直平，用竹片或木片上下夹持，再以绳索绑扎，编织竹器时使用。（见图 5）平乐银山岭、罗定南门垌、四会鸟旦山、德庆落雁山、广宁铜鼓岗、封开利羊墩等都有出土。[31]

柱形器　器身是方柱形或圆柱形，上大下小，下端侧面或正面有方形穿孔，穿孔中插入条形楔。柱身上端装饰兽首、禽首或人首。（见图 6、图 7）经常 4 件为一组，出土时分前后两对立在墓室内。兽首柱形器见于恭城县加会秧家村金堆桥春秋墓，顶端为两面坡房屋模型，屋顶上立一独角兽。禽首柱形器见于平乐银山岭战国墓，顶端立一飞禽。人首柱形器见于象州县下那曹村、岑溪市南渡镇凤根村、北流市白马乡隆安村上村坪战国墓。下那曹柱形器人头颅顶弧圆，脑后垂一条小辫，两只小耳，面部深凹，呈椭圆形，眼眶深陷，眼中无珠，鼻扁而无孔；凤根村柱形器与下那曹的相似，人首头扁圆，长颈，有简单的眼、鼻、嘴，脑后铸有凸起的发髻。铸造柱形器用双面范，两扇铸范开设型腔，加型芯形成销孔，铸成后侧面有铸缝并略有错位。[32]

盘口鼎　口沿外折上耸，口沿上有方形或弧形耳，浅腹，平底或略圆，三扁足外侧起棱，胎壁甚薄，底部有较厚的烟炱。恭城县加会秧家村金堆桥浅腹鼎有提梁，腹内底有"告"字铭文。四会鸟旦山 M1：3 号鼎，横方耳，深腹，腹壁圆鼓，圜底，三足外撇。（见图 8）广宁龙嘴岗 M5：37 号鼎，竖方耳，浅腹，腹壁也圆鼓，但是平底，三足斜直外撇。

罗定背夫山 M1：16 号鼎，耳为半圆形，立于盘内，颈腹分界不明显，大平底，三扁足外撇。（见图 9）平乐银山岭 M71：1 号鼎，属盘口鼎，盘口较窄，台面较平，横长方立耳，浅直腹，底近平，三足扁平，外侧起棱。（见图 10）

图 9　背夫山 M1：16

甬钟　是商周以来盛行的打击乐器，一般大小成编，配套使用，和铜鼎一样代表着一定的身份地位。西瓯地区流行甬钟，虽然在平乐银山岭战国墓没有发现，但在恭城县加会秧家村金堆桥、贺州沙田龙婆岭、罗定南门垌、肇庆松山一些大墓中仍有随葬。这些甬钟多为圆筒形直甬，甬上有旋，但显得很细，旋一般细而尖，旋的数目，有的正背面各只有 12 枚，装饰花纹喜用排列整齐的尖状乳钉为界格，大多数正面有花纹，背面光素，即使背面有花纹也与正面不同，装饰纹样大量采用栉齿纹、叶脉纹、圆圈纹、云纹、雷纹等几何纹。罗定南门垌 M1 随葬 6 件，身修长，铣较尖（见图 11），1、2、4 号钟各有 36 枚，3、5、6 号钟则各只有 24 枚。肇庆松山墓也随葬 6 件，形制相同，大小有别，正面鼓部由两组勾连雷纹组成图案，背面无纹（见图 12）。[33]

图 10　银山岭 M71：1

此外，陶器也很有特色，如硬陶三足盒、米字纹大陶瓮等。三足盒，做子口浅腹，小平底，三短足，腹上部常饰刻划弦纹和水波纹，下腹部或底部常有一个刻划符号。有的器盖面或肩部常饰斜刺箆纹。陶鼎做罐形腹，羊角形锥足，器身饰方格印纹。大陶瓮多印米字纹，陶瓮常见于西瓯人墓葬的腰坑内。泥质灰陶，用泥条盘筑法制作成形，再用带纹饰的拍子整形，底部另接，有的在肩部再黏附四只手捏的双条状耳。器形是翻唇，短颈，圆肩，平底，最大径在腹上部。肩腹部拍印米字网状纹，有的肩部有刻划符号。

图 11　罗定南门垌出土的甬钟

（二）骆越文化

1986 年发现广西武鸣马头元龙坡西周至春秋墓群和安等秧战国墓群，广西西部地区的青铜文化逐渐显露出来。韦仁义在总结武鸣马头这两处先秦墓群时，已把它们定为骆越人的墓地。他认为，马头先秦墓葬具有鲜明的地域特色，概括起来主要有如下几点：1. 墓穴排列整齐、集中而有序，说明是一处受着一种观念制约的公共墓地。2. 墓室方向绝大多数为东西向，在 436 座墓中有 322 座为东西向，占总墓数的 74%，而且绝大多数头向东，南北向的墓很少，即使是南北向的墓也偏向东，表现了强烈的方向意识。3. 墓葬形制都是狭长小型竖穴土坑，墓坑宽度极

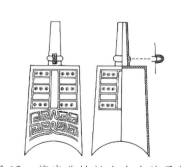

图 12　肇庆北岭松山出土的甬钟

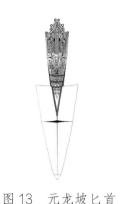

图 13　元龙坡匕首

图 14　邕江匕首

图 15　圆形器

少超过 90 厘米的，一般在 60~70 厘米之间，长宽之比往往都在 4∶1 以上，有的达 7∶1，墓坑显得特别狭窄。4.元龙坡西周春秋墓有用火烧烤墓坑之俗，烧烤部位，有的在墓底，有的在墓壁，有的是填土，有的仅烧烤其中的局部。5.随葬品先经打碎或拆散，然后散放在填土中及墓底。6.随葬品少，但富有地域特色。随葬品的组合一般是实用的青铜兵器、生产工具、生活日用陶器或玉石器。陶器盛行圜底器，少见圈足器和平底器，没有三足器，器表多打磨光滑，无纹饰或饰绳纹。[34]

再结合马头附近同时代的岩洞葬和右江流域几处战国墓，我们可以进一步推断骆越青铜文化的主要特征。

1.流行土葬和岩洞葬

马头先秦墓群是土坑墓，与之并存的是附近的岩洞葬。土坑墓墓室狭长，有将随葬品打碎和拆散埋葬的习俗。没有像其他西瓯墓那样的腰坑。

2.随葬品主要是实用器

基本上没有礼器。其组合也是青铜兵器、生产工具、生活用具。铜兵器是剑、矛和镞；生产工具是斧和刮刀；生活用具是釜、钵、杯等。此外，还伴出一些玉石饰品。大墓中随葬铜鼓。

3.青铜器有浓厚的地域特色

最具代表性的青铜器是镂空细纹匕首、圆尖顶长舌圆形器、圆銎长骹矛、凤字形钺、斜刃铜钺、新月形刀、桃形镂孔镞。除武鸣马头先秦墓群之外，右江流域的几处战国墓还出土了人面弓形格剑、曲刃一字格剑和铜鼓。

镂刻细纹匕首　武鸣元龙坡出土 3 件，身呈锐角形，扁茎，无格，阔肩，宽扁叶，呈锐角三角形，截面呈菱形。（见图 13）茎部镂刻细线云雷纹和凿点纹，叶面浅刻极纤细的栉纹地三角形细线纹及眼状纹。1992 年，南宁市邕江捞获 1 件，金黄色，与此十分相似。（见图 14）元龙坡出土了这种匕首的石范，代表了骆越青铜工艺的最高水平。

圆尖顶长舌圆形器　圆面隆起聚成尖顶，另一面正中伸出扁长鹰嘴钩状长舌。（见图 15）有的背面圆弧，中心突起一个尖圆纽，圆面由弦纹、栉纹、云雷纹组成晕圈，舌末开一孔眼；有的背面隆起，聚成一条细长圆柄。这些都在武鸣元龙坡墓地出土，还出土了这类器物的石范。

圆銎长骹矛　早期的宽薄长叶，短骹，扁圆銎，骹与叶相比，显得特别短小，武鸣元龙坡铜矛在骹与叶分界处有清晰的段线；晚期的变得厚重，多为圆銎，骹部加长，加粗。武鸣安等秧矛短身圆箭，箭口凹弧，骹的正面有纽，并铸有"王"字符号（见图16）。武鸣独山岩洞葬铜矛，宽叶长骹，骹两面都铸双勾"王"字符号（见图17）。田东锅盖岭出土铜矛1件，骹的正面有纽，纽上方也铸"王"字符。（见图18）

凤字形钺 扁圆銎，整体如同张开的一把折扇，有的身显瘦长，被称为束腰斧。除在武鸣元龙坡出土外，在百色、德保、大新也有出土。有的对称刃角微翘，形态极为柔和，元龙坡出土的多破碎（见图19）。在百色至田东的右江段常打捞出此类铜钺，右江流经百色萝卜洲附近一次打捞出4件（见图20）。

斜刃钺 武鸣马头元龙坡墓地出土。斜刃，有的双肩向内收成倒钩状双翼，两面自肩部至锋尖各有一道弯弧形棱脊，近銎部有数道弦纹。有双斜刃和单斜刃两种。双斜刃钺的刃呈斜弧形。（见图21）武鸣马头元龙坡130号墓出土了1件长15.5厘米，刃宽12.5厘米的双斜刃钺，尖锋，宽肩略呈翼状，扁圆銎。来宾古旺山岩洞葬出土1件，与此十分相似，通体光素，脊根部有一细小的穿孔，通长13.7厘米，刃最宽8.8厘米。（见图22）武鸣马头元龙坡147号墓出土的1件单斜刃钺，通长10.5厘米，刃宽9.6厘米，单肩，背斜直或微曲，扁圆銎。（见图23）南宁邕江水下出土1件，通长8.9厘米。（见图24）在田东右江（见图25）和百色萝卜洲（见图26）也打捞出同样的斜刃钺。马头元龙坡有石范伴出，说明这种斜刃钺是当地铸造的。越南北部富寿的富厚、安沛的安合、老街的铺卢和海防的越溪也出土了类似的铜钺，如富厚出土的1件斜刃钺，

图16 安等秩矛

图17 独山岩铜矛

图18 锅盖岭铜矛

图19 元龙坡凤字形钺

图20 萝卜洲凤字形钺

图21 双斜刃铜钺

图22 古旺山铜钺

图23 元龙坡斜刃钺

图24 邕江弧刃钺

图25 右江斜刃钺

图26 萝卜洲钺

图27 富厚钺

图28 越南山西
国威靴形钺

图29 越南越池
靴形钺

图30 元龙坡铜镞

图31 元龙坡铜镞

图32 锅盖岭叉形器

图33 元龙坡新月形刀

图34 邕江弓形格剑

图35 东山弓形格剑

宽圆、銎部也有一条横凸线（见图27），与南宁、百色的极相似。

靴形钺 形状像一只长筒靴，本是西瓯文化的一个重要因子，但在骆越文化区也经常发现。越南山西凤格的1件六棱形銎，器表光素无纹；越南山西国威县发现1件，装饰有套于回形纹带中狗鹿对峙的纹饰（见图28）；越南越池出土的1件，銎和身间装饰有一变体弓形船，船上立有3人，下边有2只鹿，被1只狗拦截，外包菱形纹带框。（见图29）

桂叶形镂孔铜镞 两端小，中间稍大，桂叶形，两侧都有刃，中部有长条形透穿血槽，扁长条实铤，铤的左侧有一倒刺，是一种具有极强穿透力的远射程杀伤兵器。（见图30、图31）

叉形器 见于田东锅盖岭战国墓和宾阳韦坡战国墓。锅盖岭出土的叉形器是菱形座，上出二叉，状如牛角（见图32）；韦坡出土的叉形器除了锅盖岭出土的叉形器形似外，还出土了两件圆柱形座，上出二长叉，叉两侧起脊的叉形器。

新月形刀 背微弯曲，刃凸于中部，形如新月，目前只见于武鸣马头元龙坡墓，其他地方尚未发现类似铜刀，具有强烈的地域特色。（见图33）其中一件通长13.7厘米，宽4厘米，柄长约3厘米，宽2.3厘米。

人面弓形格剑 是一种剑身有人面纹图案的青铜短剑，剑身上部铸有倒三角形的人面纹，剑格两端上翘，弯曲如弓，故名人面弓形格剑。这类短剑形制独特，地域性强，仅见于岭南地区和越南北部地区，以广西右江至郁江流域的百色、田阳、南宁、贵港一线发现最多，还见于柳江、灵山，广东的广州，香港的大屿山、赤立角、南丫岛，越南北部的清化、海防等地。广西贵港剑、南宁邕江剑（见图34）与越南北部东山剑（见图35）、海防象山剑属同一个类型。邕江剑，2002年于南宁邕江打捞出水，无剑首，扁状茎，中部收束，近格处加宽，剑格两端微翘，剑身起脊，最宽处在中部，平缓向前收束，前端骤收成锋，近格处饰人面纹。东山剑也无首，茎的上部较粗，中部较细，下端又扩宽，茎的表面饰曲折的阴线纹，在阴线纹框内填五道纵横极细的阳线纹，线纹上再饰 S 形卷云纹。茎的基部有阴线构成的梯形框，框内填 S 形卷云纹。剑格宽 5.2 厘米，两端上扬，中部弯曲如弓，剑身长 17.4 厘米、宽 4.6 厘米，最宽处位于剑身中部，上部、中部的空间饰人面图案，呈倒三角形，用连珠纹做外框，脸形轮廓、眉、眼、鼻梁为阳纹。人面下为丫形宽带纹，歧出三组扇形光芒纹。田阳县隆平村出土的剑，剑首有两个如同车轮一样并列的圆环，剑茎扁体实心，两侧有山形爪状棱背，但在剑身人面纹的地方只保留了一个三角形框，并未铸出人面图像（见图 36）。[35]1999 年 5 月，柳州市博物馆征集到 2 件从百色某河中打捞出的人面弓形格剑。其中一件较大，长 32 厘米，刃宽 5.8 厘米，无首，茎上部为椭圆柱形，茎上有卷云纹、曲线纹、虚线纹等多种几何纹饰，剑身近格处饰人面纹，人物面部瘦长，五官清晰，人面两侧有锯齿纹，下接长栅栏状纹饰，直刺横卧的青蛙纹；另一件长 24.5 厘米，双环首，茎中部粗大，分三组饰卷云纹、栉纹、鸟纹，剑身近格处饰阴铸人面纹（见图 37）。[36]

图 36　隆平剑

图 37　柳州市博物馆藏剑

　　曲刃一字格剑　首、茎、身一次铸成，圆首，扁圆茎，一字形格，短扁身，呈梭形。锅盖岭出土 1 件，通长 29 厘米，刃宽 6.5 厘米，茎中空，两面均饰回形纹图案；正背两面均饰二道卷云纹。（见图 38）田阳县七联村东邦出土 1 件，通长 28 厘米，格宽 11 厘米，厚 2 厘米，空首，椭圆茎，茎末端有格盖，盖宽于茎，盖面呈椭圆，饰菱形几何纹；茎中部收束，上下向外扩张；茎上下两端饰云纹；剑格宽于身，两头微翘；格面亦饰云纹；剑身扁，较薄，刃锋利，两面无纹饰。（见图 39）田阳县隆平村牌楼屯沙场打捞出 1 件，通长 26.3 厘米，刃宽 7 厘米，茎椭圆空心，无首，茎身束腰，上端近格处的脊部有一"Y"形血槽。田阳县百育沙场出土 1 件，通长 28 厘米，刃宽 7 厘米，茎上饰云纹和斜线纹，盖面饰菱形纹，格面饰云纹，和锅盖岭出土的很相像。田东县林逢镇打捞出 1 件，全长 27 厘米，刃宽 4.2 厘米，首、茎、格上都有精细的几何花纹，剑首平面呈菱形抹角的椭圆形，正中饰菱形纹，外围以扁长方块，内饰 S 形云纹；剑茎上自首而下饰六道回纹箍，靠近剑格处有一个对穿小圆孔，圆孔外亦饰 S 形云纹；剑格面上也有纹饰，以剑首为中心，左右两边纹饰对称，饰 S 形云纹条带。（见下页图 40）同类短剑在越南北部多次发现：安沛陶盛出土 1 件茎上装饰交织的直线纹；河江出土 1 件，剑首分成四格，每格都有一个 S 形云纹，剑茎上也有精细花纹；1961 年，在越南太原钢铁工地出土 1 件，剑首饰 S 形云纹，剑茎上有四条 S 形云纹带，

图 38　锅盖岭剑

图 39　七联村一字格剑

图 40 林逢一字格剑

图 41 太原一字格剑

图 42 南哈坡铜鼓

图 43 大岭坡铜鼓

图 44 淞林鼓

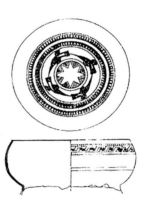
图 45 铜盖岭鼓

剑格上也布满 S 云纹，剑身上半部有一组两边匀称的狭长三角形纹饰。（见图 41）

铜鼓　发源于春秋时期的云南中部偏西濮人地区，称为万家坝型铜鼓，战国时期已为右江流域和红河中下游地区的越人接受。1994 年，在田东县南哈坡战国墓发现 2 面（见图 42），在田东县林逢镇大岭坡战国墓又发现 1 面（见图 43）。早在 1932 年 5 月，在越南北方的河山平省章美县美良社淞林寺附近的田野就出土过 1 面，称淞林鼓（见图 44）；1973 年在同一地点又发现 1 面，称为淞林 2 号鼓；1981 年在富寿省三清县上农社出土 1 面，称上农鼓（见图 45）；1993 年在老街发现 2 面。这些都是形制粗糙，胸部鼓突，装饰简单或没有装饰的铜鼓。南哈坡鼓有 2 面，A 鼓鼓面太阳纹中心隆起，周围有不规则的 16 道芒，腰部由正倒 V 形纹带纵分成空格，近足处有一周三叉纹和一周雷纹；B 鼓鼓面向内凹陷，中心太阳纹隆起，有短小杂乱的 22 道芒，芒外又有杂乱的晕圈，外围饰以绳索纹，胸部凸鼓，胸腰间有两对桥形耳，腰部为纵向曲折纹分割的界格，近足处有一周勾连雷纹。大岭坡鼓，鼓面小，胸部突出，腰内缩，下部外撇，足极短，鼓面太阳纹中心隆起，有不规则的 11 道芒。胸、腰间有两对小扁耳，腰上半部用绳索纹夹对角三角纹纵向分格，下半部分别饰回纹、绳索纹各 2 道。越南淞林鼓，鼓面有太阳纹 16 芒，芒角长短不一，周围有两道小绳索纹，其间有些回纹线条组成的 4 个平行曲线纹，外围一个带圆点的短线纹晕。胸部光素，腰部和足部上方有平行回形纹及似梳齿的平行短线条纹。越南富寿省三清县的上农社的鼓，鼓面径 32 厘米，高 26 厘米，全身光素无纹饰。稍晚的石寨山型铜鼓在骆越地区也有发现，如田东县锅盖岭铜鼓。锅盖岭铜鼓，鼓面中心有太阳纹 8 芒，芒间饰斜线纹，外围有花纹 3 晕，主晕是翔鹭 4 只，等距离逆时针旋转飞翔，另 2 晕饰三角齿纹和乳钉纹；胸部突出，饰回形纹和弦纹。

（三）西瓯骆越青铜文化的异同

以平乐银山岭战国墓为主体的遗存属西瓯文化，它主要分布于广西东部；以武鸣马头先秦墓为代表的青铜文化遗存，当属骆越文化，主要分布于广西西部。事实上，这两地的文化遗存除了一定差异外，也存在不少共性。

西瓯骆越青铜文化是在当地原始文化的基础上发展起来的，萌生于商末周初，开始以接受中原青铜文化为主，到西周春秋时期掌握了青铜冶铸技术，开始铸造青铜器，产生了自己的青铜文化，这种青铜文化都具有浓厚的地域色彩。到战国时期发展到鼎盛阶段，产生盘口鼎、柱形器、扁茎短剑、竹叶形刮刀、靴形钺、斜刃钺、弓形格剑、一字格剑和墩形铜鼓等极富地域特色的青铜器。同时也就进入了铁器时代。西瓯骆越的青铜器种类繁多，绝不止我们前面讲到的那些，但从总的面貌来看，西瓯骆越人都重视兵器而忽视礼器。春秋时期出现过一些礼器，但多是接受中原文化影响的仿制品。越往后，这种仿制品就越少。

西瓯用铜甬钟、柱形器、扁茎短剑、双肩铲形钺、竹叶形刮刀，骆越用铜鼓、斜刃钺、弓形格剑和一字格剑。铜甬钟广泛流传于西瓯或西瓯与骆越错居地区，在右江中游的田东县偶有一见，没有再向西传。柱形器只见于西瓯地区，在骆越地区至今尚未发现。扁茎短剑普遍流行于西瓯地区，在骆越地区也不少见，但与一字格剑和弓形格剑相比，数量少得多。流行于西瓯的竹叶形刮刀，在骆越地区也偶有发现，如武鸣安等秧战国墓、宾阳韦坡战国墓、越南北部的东山文化墓和越溪船棺墓等骆越墓中有随葬。双肩铲形钺只流行于西瓯，但在越南象山遗址曾出土

1件。骆越地区流行的斜刃钺，在西瓯地区一般不见，西瓯用的靴形钺在骆越地区变得棱角分明。流行于骆越地区的弓形格剑和一字格剑，除在骆越西瓯交错区偶有发现外，一般不见于西瓯地区。铜鼓只流行于骆越地区，但在越过西瓯中心地区，在偏东的贺州龙中村又偶有一见。这样，我们就可以从青铜文化上将西瓯、骆越区别开来。

它们在自身发展的过程中，也不断接受外来文化所带来的影响，但由于地理不同，所受文化影响也不同。西瓯更多的是接受楚文化影响，骆越则受滇文化影响较大。

瓯骆故地既是中国南方东西部地区的接合部，又是内陆与沿海地区的过渡地带，自古以来就是少数民族聚居的地区，古代文化有其自身特殊的历史渊源。在吸纳周边地区先进文化的基础上，不断创新，形成独具特色的青铜文化。

从历史文献记载来看，西瓯和骆越是在岭南毗邻而居的两个部族，由于壤地相接，习俗相近，有的人把它们视为一个部族，称之为瓯骆。它们究竟是一个部族还是两个部族？通过以上分析，可以得到比较明确的答案。

【本文是 2006 年度国家社科项目（06XMZ042）阶段性成果】

参考文献

[1] 雷坚 . 广西建置沿革考录 [M]. 南宁：广西人民出版社，1996：137.

[2] 冯德材，文德馨，等 . 郁林州志：光绪 [M]. 台北：成文出版社，1945：311.

[3] 罗香林 . 百越源流与文化 [M]. 北京：中华书局，1955：71.

[4] 广西壮族自治区文物工作队，南宁市文物管理委员会，武鸣县文物管理所 . 广西武鸣县马头元龙坡发掘简报 [J]. 文物，1988（12）：13.

[5] 武鸣县文物管理所 . 武鸣独山岩洞葬调查简报 [J]. 文物，1988（12）：29-31.

[6] 广西壮族自治区博物馆 . 广西恭城县出土的青铜器 [J]. 考古，1973（1）：30-34，41，74-76.

[7] 贺州市博物馆 . 广西贺州市马东村周代墓葬 [J]. 考古，2001（11）：16-17.

[8] 广西壮族自治区博物馆 . 近年来广西出土的先秦青铜器 [J]. 考古，1984（9）：797-806.

[9] 广东省博物馆，德庆县文化局 . 广东德庆发现战国墓 [J]. 文物，1973（9）：

18-19.

[10]广东省博物馆,肇庆市文化局.广东肇庆市北岭松山古墓发掘简报[J].文物,1974(11):69-72.

[11]广东省博物馆.广东四会鸟旦山战国墓[J].考古,1975(2):102-107.

[12][14]何纪生.广东发现的几座东周墓葬[J].考古,1985(4):360-348.

[13]广西壮族自治区文物工作队.平乐银山岭战国墓[J].考古学报,1978(2):211-258,273-284.

[15]广西壮族自治区文物工作队.广西田东发现战国墓葬[J].考古,1979(6):492-494.

[16]广东省博物馆.广东广宁县铜鼓岗战国墓[G]//《考古》编辑部.考古学集刊:第1集.北京:中国社会科学出版社,1981:111-119.

[17]广东省博物馆.广东罗定出土一批战国青铜器[J].考古,1983(1):43-48,29,104.

[18]广西壮族自治区文物工作队.广西宾阳县发现战国墓葬[J].考古,1983(2):146-148,198.

[19]广西壮族自治区文物工作队.广西象州县发现一批战国文物[J].文物,1989(6):95-96.

[20]广西壮族自治区贺县文物工作队.广西壮族自治区贺县出土一批战国铜器[J].考古,1984(9):853-854.

[21]广东省博物馆,罗定县文化局.广东罗定背夫山战国墓[J].考古,1986(3):210-220.

[22]杨式挺,崔勇,邓增魁.广东封开利羊墩墓葬发掘简报[J].南方文物,1995(3):1-16.

[23]贺县博物馆.广西贺县龙中岩洞墓清理简报[J].考古,1993(4):324-329,388-389.

[24]广西壮族自治区文物工作队,岑溪县文物管理所.岑溪花果山战国墓清理简报[G]//广西壮族自治区博物馆.广西考古文集.北京:文物出版社,2004:213-214.

[25]广东省文物考古研究所,广宁县博物馆.广东广宁县龙嘴岗战国墓[J].考古,1998(7):45-59.

[26]广西壮族自治区文物工作队,桂林市文物工作队,灵川县文物管理所.灵川马山古墓群清理简报[G]//广西壮族自治区博物馆.广西考古文集.北京:文物出版社,2004:228-237.

[27] 广西壮族自治区文物工作队，贺州市博物馆.贺州市高屋背岭古墓群勘探与试掘 [G]// 广西壮族自治区博物馆.广西考古文集.北京：文物出版社，2004：259-264.

[28] 黎文兰，范文秋，阮灵.越南青铜时代的第一批遗迹 [M].梁志明，译.河内：河内科学出版社，1963.

[29] 蒋廷瑜.从银山岭战国墓看西瓯 [J].考古，1980（2）：170-178.

[30] 蒋廷瑜.先秦越人的青铜钺 [J].广西民族研究，1985（1）：17-26.

[31] 黄展岳.说刮刀 [G]// 黄展岳.先秦两汉考古与文化.台北：允晨文化实业股份有限公司，1999：546-548.

[32] 蒋廷瑜.铜柱形器用途推考 [J].考古，1987（8）：749-754.

[33] 蒋廷瑜.略论岭南青铜甬钟 [J].江西文物，1989（1）：25.

[34] 韦仁义.武鸣马头墓葬与古代骆越 [G]// 广西壮族自治区博物馆.广西博物馆建馆 60 周年论文选集.南宁：广西民族出版社，1993：127.

[35] 蒋廷瑜.广西所见人面弓形格铜剑 [G]// 广州市文物考古研究所.广州文物考古集.北京：文物出版社，1998：163-164.

[36] 黄利捷.柳博收藏的人面纹铜剑 [G]// 中国古代铜鼓研究会.中国古代铜鼓研究通讯：第十五期.南宁：中国古代铜鼓研究会秘书处，1999：8-9.

合浦汉墓出土的佩饰品

彭书琳

（广西壮族自治区博物馆研究员）

合浦汉墓出土了大量佩饰品，种类繁多，五彩缤纷，是一笔珍贵的文化遗产。这些佩饰品不但反映出汉代合浦的经济繁荣，而且折射出这个两千多年前的港口城市的外贸景象。本文详细罗列了合浦汉墓出土的各种质料的佩饰品，推测了它们的来源和用途，认为这些佩饰品，既有中国出产往外销售的商品，也有从海外输入、供达官贵族享受的"奇石异物"。说明当时的对外贸易，有商品的输出和输入，在输入方面，不但引进外域的原材料，而且也引进先进技术，从而证实当时中外经济文化的交流是双向的。

在合浦县城周围，散布着一个庞大的汉墓群，自 20 世纪 50 年代以来，为配合基本建设，已发掘将近 1000 座汉墓。这些汉墓中，经常有佩饰品出现，包括琉璃、琥珀、玛瑙、水晶等各种质料的珠饰和动物圆雕小件。

一、佩饰品的种类

合浦汉墓出土的佩饰品种类繁多，数量很大，现按质料分述如下。

（一）玻璃

玻璃，古称琉璃，又称"璧琉璃"，有时又写作"流离""陆离""璆琳"，实是古玻璃。对广西出土的古玻璃，黄启善已有专门论述 [1]。合浦汉墓随葬的玻璃器，包括珠、管、璧、环等佩饰品，杯、盘、碗等饮食器皿。

合浦出土的汉代玻璃器以珠最多，据不完全统计，总数上万枚，一般每座墓少则 1 枚，多则千余枚。如 2001 年发掘的九只岭 6 号 a 墓出土 3869 枚、5 号墓出土 1331 枚 [2]，是目前所知广西汉墓出土玻璃珠最多的两例；堂排 3 号墓出土 1080 多枚，1 号墓出土 437 枚，2 号墓出土 133 枚 [3]；望牛岭 1 号墓出土 825 枚 [4]，2 号墓出土 826 枚 [5]；廉州爆竹厂1号墓出土 800 多枚 [6]；母猪岭 1 号墓出土 450 多枚，6 号墓出土 410 多枚 [7]；风门岭 4 号墓出土 530 枚 [8]，丰门岭（注：丰门岭即风门岭）10 号墓出土 149 枚 [9]；凸鬼岭 6 号墓出土 20 枚 [10] 等。

玻璃珠有透明的、半透明的和不透明的。颜色以蓝色占绝大多数，次有青色、绿色、褐色、棕色、红色、紫色、黑色等多种。蓝色又分深蓝、天蓝、湖水蓝等。形状有圆算珠形、球形、圆柱形、橄榄形、扁圆形、五棱柱形、网坠形，还有管状形、鱼形、瓜形和花篮形等，五彩缤纷。

圆算珠形，数量最多，占总数的 80% 以上。两端稍平，中间穿孔，珠的大小不一，长 0.2~1.0 厘米，直径 0.3~1.3 厘米，孔径 0.1~0.2 厘米。以蓝色为主，另有青色、绿色、深褐色、粉红色等颜色。半透明居多，不透明者少。易碎，但绝大多数仍保留有玻璃光泽。

橄榄形，大小、长短不一，两头小，中间大，有天蓝色、深褐色和绿色，以蓝色为主，半透明。长 1.0~1.2 厘米，头径 0.2~0.3 厘米，中间直径 0.4~1.0 厘米，孔径 0.15~0.2 厘米。

棱柱形，有六棱柱形、五棱柱形，颜色有浅蓝色、淡青色，透明。中间穿孔。长 2~2.20 厘米。

渔网坠形，有深蓝色和紫色。长 0.6 厘米，头径 0.25 厘米，中间径 0.4 厘米，孔径 0.1 厘米。

管状，有圆管形、枣形和扁圆形。中间穿孔，有天蓝色和深褐色。长 1.5~2.0 厘米，孔径 0.3 厘米。

龟形器 1 件。1985 年 2 月，在文昌塔 1 号西汉墓出土，呈椭圆形，中部比较厚，周缘渐薄，均匀地附四只三叉形爪，头和尾的形状与爪形相似，头部中心穿一细孔，可系绳。透明，青绿色，开细冰裂纹。长 5.5 厘米，宽 2.1 厘米，厚 0.95 厘米。[11]

璧 1 件。绿色，半透明，圆形，正面饰方格纹，背面微内凹，光素无纹。直径 13 厘米，孔径 3.7 厘米，厚 0.4 厘米。[12]

环 2 件。深蓝色，半透明，圆环形，中央部分厚，周缘部分薄，其中带有裂痕的 1 件（铅玻璃），直径 7.5 厘米，内径 3.2 厘米，厚 1.0 厘米；完好的 1 件直径 7.4 厘米，内径 3.1 厘米，厚 0.95 厘米。[13]

（二）琥珀

琥珀是一种含碳氢化合物的有机宝石，由树脂石化而成。汉代合浦人用琥珀制作佩饰品和印章。如母猪岭东汉墓出土琥珀珠 28 颗 [14]。九只岭东汉墓出土琥珀珠 6 颗，5 号墓和 6 号 a 墓各出土 3 颗；另有管饰 4 颗，印章 2 枚 [15]。堂排汉墓出土 1 颗琥珀圆雕狮（M2a：36），3 颗琥珀珠。[16]望牛岭 1 号墓出土琥珀佩饰品 5 颗，褐红色，有圆钮形、扇形、篮形、蛙形等各种形状。[17]1986 年，在丰门岭 10 号墓也出土琥珀珠 3 颗，二大一小，大的为长算珠形，小的为扁圆形。[18]1999 年，在凸鬼岭出土琥珀珠 1 颗。[19]

珠　50 颗。颜色有褐红色、深褐色、深红色、棕黄色、棕红色等颜色。形状有算珠形、半球形、扇形，腰鼓形、扁圆形、橄榄形、圆形、纽扣形和不规则形等。长 1.1~2.1 厘米，直径 0.7~1.3 厘米，中间径 0.4~0.5 厘米。这些琥珀器都有穿孔，便于系挂，应是佩饰品。如堂排 2 号 a 墓 1 颗半球形，直径 0.7 厘米；1 颗腰鼓形，朱砂红色，长 1.5 厘米，两端直径 0.7 厘米，中腰径 0.4 厘米。堂排 2 号 b 墓 1 颗腰鼓形珠，深红色，长 2.1 厘米，大端直径 0.9 厘米，小端直径 0.8 厘米，中腰径 0.5 厘米。凸鬼岭汉墓出土的琥珀珠呈半扇形，长 1.6 厘米。

管饰　4 件。出自合浦九只岭东汉墓，有橄榄形、扁圆形、纽扣形和珠形。

圆雕小动物　2 件。一件形状似狮，出自堂排汉墓，深褐色，蹲坐，长 1.2 厘米，宽 0.4 厘米，高 0.8 厘米。另一件形状如蛙，出自望牛岭 1 号墓，褐红色，有孔，长 11 厘米，高 0.5 厘米。

印章　5 枚。堂排 1 号汉墓出土 2 枚，一枚是"劳邑执刲"琥珀印，棕黄色，正方形，蛇钮，长 2.2 厘米，高 2.1 厘米，蒋廷瑜对此有专门考证；另一枚棕红色，半球形，龟背钮，有孔，刻有"王以明印"4 个字，字较工整。长 2.0 厘米，宽 1.7 厘米，高 0.9 厘米。[20]望牛岭 1 号墓出土 1 枚，印面略作方形，刻阴文篆书"庸母（？）印"3 字，长 1.5 厘米，宽 1.2 厘米，高 1.5 厘米。2001 年 7 月，九只岭东汉墓 5 号墓出土 2 枚，1 枚方印，龟形钮，印文篆刻"黄昌私印"，宽 1.3 厘米，高 1.4 厘米；1 枚为纽扣形圆印，刻"黄口口印"，宽 0.6 厘米，高 1.2 厘米。以上除"劳邑执刲"是官印外，其余 4 枚都是私印。

（三）玉石

玉是中国一种带有神秘色彩和享有崇高地位的器物。汉代许慎在《说文解字》中解释说："玉，石之美，有五德者。"古人把质地坚硬，颜色晶莹，细腻透明的美石统称为玉，包括水晶、玛瑙、宝石、孔雀石、琥珀、青金石、绿松石等。但从狭义来说，玉是指矿物学上的闪角石、辉石之类，俗称软玉和硬玉。软玉即闪角石类，主要成分是硅酸钙的纤维矿物，硬度为 6~6.5。硬玉是指羊脂白玉、黄玉、青玉、碧玉、墨玉，属辉石类，又称翡翠，主要成分是硅酸钠和硅酸铝，质地硬（硬度为 6.75~7），密度高，具有玻璃光泽。

合浦汉墓出土的玉器主要有璧、带钩、珠和各种葬玉。1975 年秋发掘堂排西汉晚期墓，出土一些葬玉和用玛瑙、水晶制作的佩饰品，1986 年发掘丰门岭 10 号墓，出土一套较完整的葬玉，即猪形玉握、蝉形玉琀、树叶形眼瑱、六棱柱形耳瑱和肛门塞、圆柱形鼻塞。在黄泥岗、母猪岭、凸鬼岭、北插江等处西汉晚期至东汉的墓葬中也有玉器出土。

璧　6 件。璧是汉代常见的礼仪用玉。合浦母猪岭 1 号墓出土的谷纹玉璧完整无缺，是淡黄色玉制成的，内外沿各有一道弦纹，外径 16.9 厘米，孔径 4.1 厘米，厚 0.4 厘米。凸鬼岭 17 号墓出土 1 件，纹饰分内外两区，两区之间有一道绞索纹相隔，内区饰普通的谷纹，外区则刻首尾互相交缠的图案化双身龙纹，外径 23.5 厘米，孔径 4.1 厘米，厚 0.5 厘米。最珍贵的是 1990 年在黄泥岗 1 号墓出土的出廓六字玉璧。此璧除内外廓素面外，整个璧面布满蒲纹，外廓的一侧，即顶端透雕龙凤对舞的装饰图案，图案中下部镂空刻出"宜子孙日益昌"六字。外径 18.3 厘米，孔径 3.2 厘米，连外廓透雕通高 27 厘米。此外，2001 年 7 月在合浦九只岭东汉墓出土 3 件玉璧，其中 5 号墓出土 2 件，一件为黄白色，质地较软；另一件（M5：64）为青灰色，两面纹饰相同，内区刻谷纹，外区饰四组双身龙纹，内、外区花纹间隔一周短斜线划纹，直径 18.9 厘米，厚 0.5 厘米；6 号 a 墓出土的一件也是青灰色，纹饰与 5 号墓的谷纹璧完全相同，直径 24.8 厘米，孔径 6.1 厘米，厚 0.4 厘米。[21]

蟠螭纹玉佩　黄泥岗 1 号墓出土，长 6.5 厘米，宽 4.8 厘米。

玉剑饰　黄泥岗 1 号墓出土玉璏，蟠螭纹，长 9.8 厘米，宽 2.5 厘米。

带钩　5 件。黄泥岗 1 号墓出土 1 对子母带钩，淡黄色，带钩长 4.0 厘米，宽 1.5 厘米；母扣外径 4.0 厘米，内径 2.5 厘米。凸鬼岭 13 号墓出土 1 件乳白色有黄斑的素面带钩，钩头粗糙，没有刻纹，长 5.0 厘米，宽 1.1 厘米；19 号墓出土 1 件鸠首带钩，钩头似鸠，长 5.8 厘米，宽 1.5 厘米。北插江盐堆西汉墓出土 2 件玉带钩，1 件钩首呈鹅头形，钩身呈圆球形，又似鹅背，长 3.7 厘米，宽 1.5 厘米；1 件钩首为龙头形，钩身方条形，长 6.5 厘米，宽 1 厘米。

玉握　4件。都呈猪形，均处卧姿，写实性很强。丰门岭10号墓出土的2件和凸鬼岭17号墓出土的1件玉握，形态特征相同，前后腿均屈曲，平卧，嘴向前伸，嘴皮上耸，刻出三道皱纹，后臀钝直，其中1件（M10：60）长11.6厘米，宽2.4厘米，高2.6厘米。堂排4号墓的1件玉握打磨极光洁，体稍高，头向前低，两耳上耸，脸呈三角形，较丰门岭玉握猪的形态更逼真，长4.6厘米。

玉蝉（琀）　3件。分别出自望牛岭1号墓、黄泥岗1号墓和丰门岭10号墓。都呈蝉形，刻工刀法简练、明快，正面刻出口、鼻、眼、脑盖，可以清晰地看到收拢的双翼，腹底刻出肚纹和尾部横褶，完全是蝉的静卧姿态的写实形象。长5.0~6.2厘米，宽2.9~3.2厘米。

眼盖　2件。丰门岭10号墓出土，杏形，薄片，两头穿孔，长3.8厘米，宽2.8厘米。

耳塞　4件。丰门岭10号墓出土的2件为六角柱形，一头大一头小，长2厘米，大的一头宽0.7厘米，小的一头宽0.5厘米。堂排4号墓出土的2件为淡青色，圆柱形，一头大一头小，长2.2厘米。

鼻塞　4件。望牛岭1号墓和丰门岭10号墓各出土2件。形状、大小与耳塞相似。

（四）水晶

水晶是一种矿石，化学成分为二氧化硅（SiO_2），结晶常作斜方六面体，无色透明，光泽如玻璃，硬度较高，若成分中杂有其他杂质就会形成各种各样的颜色，如杂有植物质成茶褐色，俗称茶晶；杂有锰成紫色，称紫水晶等。合浦汉墓出土的水晶主要是一种串饰，常与玛瑙、琉璃、玉等制作的佩饰品一起使用。颜色有紫色、蓝色、浅蓝色、天蓝色、绿色、内白色、黄色、红色、棕色等色或无色。合浦汉墓出土的水晶饰品形状多样，有六棱算珠形、六棱柱形、不规则形、网坠形、球形、扁圆形、方形、扁壶形和菱形等。

水晶珠　400余颗。1999年，黄泥岗1号墓出土186颗，其中六棱算珠形的紫色水晶珠163颗，白色的六棱算珠形和圆形各8颗，黄色球形1颗；蓝色六棱柱形和不规则形各3颗。珠大小不一，最大者直径1.8厘米，最小者直径1.0厘米。望牛岭1号墓出土27颗，其中白色的有14颗，其中六棱珠形6颗，六棱柱形7颗，圆球形1颗。最大的1颗为六棱不等边形，长6.9厘米，两头径2.2厘米，中间径3.0厘米。六棱珠形和柱长 1.5~3.9 厘米，两端直径 0.9~2.2 厘米，中间径 1.2~2.3 厘米；球形 1 颗，直径 1.0 厘米。蓝色的有 13 颗，其中不规则形 6 颗，六棱柱形 4 颗，网坠形 3 颗，长 0.8~3.9 厘米。2001 年，九只岭 5 号墓出土 7 颗，6 号墓出土 25 颗，其颜色有白色、蓝色、紫色、红色、棕色等，形状有算珠形、不规则形、扁壶形、扁圆形、菱形等；丰门岭 10 号墓出土 25 颗，其中白色 24 颗，绿色 1 颗，形状有方形和不规则形；母猪岭 6 号墓和凸鬼岭 4 号墓各出土 7 颗，凸鬼岭出土的 7 颗为白色，圆形，中穿孔，直径 1.25 厘米。

水晶管饰　5 件。九只岭 5 号墓出土 4 件，堂排 2a 号墓出土 1 件，均中间穿孔。堂排 2a 号墓的管饰长 1.4 厘米，直径 0.7 厘米。

（五）玛瑙

玛瑙属石英矿物，与玉髓同质。品类甚多，颜色光美。合浦汉墓出土的玛瑙佩饰主要有玛瑙珠、戒指、耳塞、耳珰和圆雕小动物等。

玛瑙珠　已知 192 枚。其中堂排 2a 号墓出土 50 枚，管饰 1 件，2b 号墓出土 43 枚，3 号墓出土 2 枚；北插江盐堆 1 号墓出土红色珠 31 枚[22]；九只岭 5 号墓出土 11 枚，6 号墓出土 10 枚；望牛岭 1 号墓出土 7 枚，2 号墓出土 9 枚；丰门岭 10 号墓出土 12 枚；1984 年和 1999 年凸鬼岭汉墓分别出土 7 枚和 2 枚；母猪岭 6 号墓出土 6 枚。

玛瑙珠都在中间穿孔，颜色真可称得上五光十色，有红色、紫色、金黄色、褐色、橘红色，及各种颜色相间的缠丝玛瑙和苔丝玛瑙珠等。其中以红色为主，约占 70%；其次为缠丝色、金黄色、褐色。形状有橄榄形、算珠形、球形、柱形、瓜子形、扁棱形、扁圆形、圆壶形、鸟形等，其中以橄榄形最多，占出土玛瑙珠的 60% 以上。橄榄形最大的长 5.5~6.3 厘米，两头径 0.7~1.0 厘米，中间径 1.0~1.5 厘米；一般长 2.2~3.5 厘米；最小长 0.8~1.7 厘米，两头径为 0.2~0.4 厘米，中间径 0.4~0.7 厘米；算珠形玛瑙长 0.7~1.5 厘米，直径 0.4~1.5 厘米；球形玛瑙直径 0.4~0.8 厘米；柱形玛瑙长 3.0~3.3 厘米，直径 0.4~0.8 厘米。其余类型的尺寸较小，长 0.7~1.6 厘米，径 0.4~0.7 厘米。

玛瑙戒指　1 件。望牛岭 2 号墓出土，肉红色，圆环形，直径 2.5 厘米，孔径 1.8 厘米。

玛瑙耳塞　2 件。望牛岭 1 号墓出土，花玛瑙，长 2.5 厘米。

玛瑙耳珰　5 件。其中 1999 年凸鬼岭汉墓出土 3 件，橙红色，腰鼓形，长 2.1 厘米；九只岭 6a 号墓出土 2 件，橘红色，喇叭形，一端大，一端小，中心有纵穿孔，长 2.1 厘米。

玛瑙狮 6 件。堂排 2b 号墓出土。圆雕，大小不一，中穿孔，孔从尾部穿至颈部，小巧精致，形象生动，长 1.4 厘米，高 0.9 厘米。

玛瑙鹅 5 件。堂排 2b 号墓出土，圆雕，刻工精致，形象生动，孔从尾部穿至颈部，长 2.5 厘米，孔径 1.8 厘米。

（六）金佩饰

金佩饰在合浦汉墓中出土较多，种类有串珠、花球、戒指、手镯、耳珰、带钩等。如：1978 年，合浦环城乡北插江盐堆 1 号墓出土金手链、金花球各一串，共 20 枚，其中金手链由 13 枚六棱橄榄形珠制成，金花球串饰由 6 粒花球、1 粒葫芦形金珠组成，都有穿孔。另外，1995 年北插江盐堆 4 号墓又出土金花球 14 粒；望牛岭 1 号墓出土金花球 1 串，由 10 粒橄榄形、1 粒算珠形和 1 粒吊钟形珠组成；九只岭 5 号墓出土串珠 7 粒、耳珰 2 件，6a 号墓出土花球 7 粒、戒指 2 枚，6b 号墓出土串珠 1 粒、戒指 1 枚；1995 年环城乡平田磨壤 9 号墓出土串饰 1 串，由 4 粒橄榄形珠、2 粒算珠形珠制成[23]；此外，堂排 2a 号墓出土手镯 2 只、戒指 2 枚，3 号墓出土串珠 5 粒；母猪岭 6a 号墓出土串珠 3 粒，1 号墓出土戒指 1 枚；1993 年在丰门岭 4 号墓出土串珠 1 粒、花球 1 粒、戒指 1 枚，10 号墓出土串珠 1 粒、花球 2 粒、戒指 2 枚；1979 年凸鬼岭机械厂五金仓库 1 号墓出土戒指 2 枚，1999 年凸鬼岭 5 号墓出土戒指 1 枚；1990 年黄泥岗 1 号墓出土金带钩 1 件。

金串珠 50 粒。有橄榄形、算珠形、吊钟形、扁圆形等，以橄榄形居多，占出土串珠的 70%。橄榄形串珠，纵向穿孔，长 1.0~2.0 厘米，直径 0.4~0.5 厘米。算珠形串珠，从中穿孔，长 1.0 厘米，直径 0.5 厘米。吊钟形串珠，纵穿孔，长 1.0 厘米，直径 0.5 厘米。扁圆形串珠 1 件，刻细弦纹，直径 0.5 厘米。

金花球 29 粒。多为球体，透雕，中穿孔，平面呈六角形，外缘有粘珠。直径 0.8~1.3 厘米。

金戒指 12 枚。有环体内平外凸、环形和镶嵌珠宝的，以环体内平外凸者居多数。环体内平外凸的环面圆形，突起如一椭圆形钮；镶嵌珠宝的，亦是环体扁平，环面凸起，当中凹下一圆窝，内镶嵌物。直径一般为 1.8~2.0 厘米，最小的直径为 1.3 厘米。

金手镯　2件。出自堂排 2a 号墓。环形。

金耳珰　2件。出自九只岭 5 号墓。用金箔制成，通体似喇叭形，细腰，长 1.9 厘米。

金带钩　1件。1990 年在合浦环城乡黄泥岗新莽时期 1 号墓出土，龙首，长 6.6 厘米，最宽 0.9 厘米，重 55 克。

（七）银佩饰

银的佩饰不多，只有戒指和手镯两种。

戒指　3枚。九只岭 5 号墓出土 2 枚，母猪岭 1 号墓出土 1 枚。环体扁圆，外径 2.0~2.2 厘米，内径 1.9 厘米。

手镯　3只。分别出土于母猪岭 1 号墓、九只岭 5 号墓和北海盘子岭汉墓。圆形，锈蚀严重，直径 6.7~8.0 厘米，内径 6.4 厘米。

（八）铜佩饰

此类佩饰不多，只有带钩、带扣、发笄几种。

带钩　2件。堂排 2b 号墓出土 1 件，琵琶形，钩首已失；九只岭 6a 号墓出土 1 件，体呈扁圆，钩作蛇首，圆形纽扣，扁平，长 1.1 厘米。

带扣　4件。九只岭出土的 2 件鎏金，圆形，外径 2.2~2.7 厘米，内径 2.0~2.5 厘米，厚 1.2 厘米，槽宽 1.2 厘米。

发笄　1件。九只岭出土，黄白色，一头略呈圆柱形，一头宽扁，长 12 厘米。

二、从佩饰品看汉代合浦的社会状况和水陆交通

《汉代合浦及其海上交通的几个问题》一文中提到，从合浦汉墓出土的文物中可以看出汉代合浦的经济是相当繁荣的，大量佩饰品的出现也是这种繁荣的表现。[24]

汉代合浦是中国南方对外贸易的重要海港。据《汉书·地理志》记载：从徐闻、合浦出发到南洋的海船，"赍黄金、杂缯而往"，"入海市明珠、璧流离、奇石异物"。仅从字面上来看，带出去是黄金、杂缯，带回来的是明珠、璧琉璃、奇石异物，但实际情况比这要复杂得多。

黄金是一种贵重金属。色泽艳丽，不生锈，不变质，是人类最早开发和利用的金属之一。《管子·地数篇》说"黄金为中币"，可见从春

秋时期开始，我国已把黄金当作货币使用。到战国时期，以楚国为首，黄金在市面上流通量已很大，出现了扁圆状的金饼和板块状的金版等多种形式的黄金货币。汉代的黄金具有价值尺度、支付手段、贮藏手段和世界货币等多种职能，使用的数量相当惊人。黄金既作为货币储藏手段和大宗支付手段，又用于给死者陪葬。合浦望牛岭 1 号墓出土 2 枚金饼，正面凹陷，刻有铭文，背面稍隆起，比较粗糙。一枚直径 6.3 厘米，重 249 克，刻一"大"字，在"大"字下方再细刻"太史"二字；另一枚直径 6.5 厘米，重 247 克，刻一"阮"字，在"阮"字上方再细刻一个"位"字。这 2 枚金饼的大小、轻重都比较接近，与全国各地出土的汉代金饼规格相近。汉代规定"一黄金一斤"，这 2 枚金饼的实际重量都接近汉代标准重量一斤，也与文献记载相合。金饼是熔铸的，面上的铭文是后刻的，"大"和"阮"字可能是物主姓氏。金饼在合浦发现，也是海上贸易用作大宗支付手段或国际货币的反映。

合浦汉墓出土了大量的金串珠、金花球、金戒指、金手镯、金耳珰、金带钩等，这些金器有的是当地官僚贵族的用器，有的可能是原来准备出海的商品，后来转为"内销"，成了陪葬品。

同时，从海外进口来的也不乏黄金饰品。如广州西汉南越王墓出土一种金花球泡饰，呈半球形，泡壁极薄，泡里在底口稍下处焊接一根横梁，以供连缀。球面形的泡体上有 9 组图纹，都用金丝和小金珠焊接而成。这种焊接工艺与中国传统的金银细工不同，而与西方出土的多面金珠上的焊接相同，因此被认为是海外输入品。合浦汉墓出土的金花球与广州西汉南越王墓出土的金花球相似，也应是从海外输入的。

合浦出土的玻璃器在没有测试之前，仅从器形观察，一般认为既有"土产"，又有"洋货"，而大都被认为是"舶来品"。西方古代玻璃是钠钙玻璃，中国古代玻璃是铅钡玻璃，经元素化验就能判定。广西出土的汉代玻璃器有 28 件经过能谱分析和密度测定，测试结果表明，这些玻璃器分属 3 个不同系统，其中 24 件属钾硅（K_2O-SiO_2）玻璃，2 件属铅钡（$PbO-BaO-SiO_2$）玻璃，1 件属钾钙（$K_2O-CaO-SiO_2$）玻璃，1 件属高铅（$PbO-SiO_2$）玻璃。但从最近测试的几件合浦汉代玻璃器中得知，也有个别样品是钠钙玻璃。说明合浦汉代玻璃器既有土产，也有洋货。但绝大部分是土产，是中国制造的，尤其是钾玻璃，含镁元素极低，既不同于中国内地的铅钡玻璃，又不同于西方的钠钙玻璃，是岭南地区的特色。晋代葛洪在《抱朴子·论仙》中说："外国作水精碗，实是合五种灰以作之。今交广多有得其法而铸作之者。"这里所说的"水精碗",即"水晶碗",实际上就是玻璃碗。"交广"地区即交州和广州,包括今广东、广西和越南北部。这条记载表明,在晋代或晋代以前,岭南地区的人们已掌握了烧制玻璃的技术。又据《南州异物志》记载:"琉璃本质是石,欲作器,以自然灰治之。自然灰状如黄灰,生南海滨,亦可浣衣,用之不须淋,但投之水中,滑如苔石。不得此灰,则不可释。"生于南海之滨的自然灰,应是一种自然纯碱或草木灰,是制造玻璃的一种助溶剂。广西出土含钾量较高,而镁量极低的玻璃制品,有可能是利用这种自然灰做助溶剂的,因而可以把这种钾玻璃称之为"南海玻璃"。

由此可以推测,由于海外交通的便利,合浦出土的汉代玻璃,开始可能会作为奇珍异物从海外输入,但很快,合浦的工匠向西方学到了烧制玻璃的技术,利用当地原料,烧制出大量既不同于西方的洋玻璃,又有别于中原内地的国产铅钡玻璃的本地钾玻璃,投放中外贸易市场,以满足市场的需要,并冲击了进口玻璃市场,因此,真正从南洋进口的玻璃留存很少。

从南洋交换回来的奇石异物中,除琉璃外,玛瑙、琥珀、水晶等各种珠饰,更是五花八门。

世界各地产玛瑙的地方很多,我国云南保山市玛瑙山出产的玛瑙也很出名。但在汉晋时期,都以为玛瑙出自西域,或谓大秦(即罗马)多玛瑙。合浦汉墓出土的玛瑙中不能否认它们有从海外输入的成分。

琥珀的产地,在欧洲主要是波罗的海沿岸,西西里岛和罗马尼亚也有出产。据《后汉书·西南夷列传》记载,当时永昌牢夷(今云南西部)、缅甸的北部和海外的大秦国都产琥珀,中国文献到汉代才提到琥珀。但在欧洲很早就把琥珀作为商品进行贸易。大秦通过腓尼基人购得波罗的海产的琥珀,制成各种成品投入市场。当时琥珀的价格十分昂贵,尤其是用琥珀雕成的小动物雕像更加值钱。合浦堂排汉墓有用琥珀雕成的小狮子,也有用肉红石髓雕成的狮子和鹅。我国原来没有狮子,至汉代狮子才开始输入我国,西域各国常以狮子来进献,狮子雕像出土于合浦汉墓,也是琥珀、玛瑙从海上输入的例证。

中国通过合浦与海外的贸易除了成品商品的交易,可能还有原料的输入和技术的引进。如玛瑙、琥珀的输入,中国工匠利用这些原料加工成传统用品,如玛瑙戒指、玛瑙耳珰、玛瑙耳塞、琥珀印章等。有些则是技术的引进,如玻璃的烧造,吸收西方的技术并利用当地的原料生产。

参考文献

[1] 黄启善. 环北部湾古代玻璃的发现与研究 [G]// 潘琦. 广西环北部湾文化研究. 南宁：广西人民出版社，2002：249-265.

[2][15][21] 广西壮族自治区文物工作队，合浦县博物馆. 广西合浦县九只岭东汉墓 [J]. 考古，2003（10）：57-77.

[3][16] 广西壮族自治区文物工作队. 广西合浦堂排汉墓发掘简报 [G]// 文物编辑委员会. 文物资料丛刊：4. 北京：文物出版社，1981：46-56.

[4][17] 广西壮族自治区文物考古写作小组. 广西合浦西汉木椁墓 [J]. 考古，1972（5）：20-23，68-71.

[5] 广西壮族自治区博物馆馆藏资料。

[6][11][12][13] 黄启善. 广西古代玻璃制品的发现及研究 [J]. 考古，1988（3）：264-276，295.

[7][14] 广西文物工作队，合浦县博物馆. 广西合浦县母猪岭东汉墓 [J]. 考古，1998（5）：43.

[8][22][23] 合浦县博物馆馆藏资料。

[9][18] 合浦县博物馆. 广西合浦县丰门岭 10 号汉墓发掘简报 [J]. 考古，1995（3）：283.

[10][19] 广西壮族自治区文物工作队，合浦县博物馆. 合浦县凸鬼岭汉墓发掘简报 [G]// 广西壮族自治区博物馆. 广西考古文集. 北京：文物出版社，2004：265-285.

[20] 蒋廷瑜. "劳邑执封" 琥珀印考 [J]. 中国历史文物，2004（4）：16-21.

[24] 蒋廷瑜，彭书琳. 汉代合浦及其海上交通的几个问题 [G]// 潘琦. 广西环北部湾文化研究. 南宁：广西人民出版社，2002：496-509.